僕らが好きだった、ブルートレイン

「あけぼの」24系客車

1978年、東京駅——

子どもたちが列車目当てに集まる東京駅　写真／諸河 久

EF 66 50
あさかぜ
ASAKAZE

機関車揃い踏み

2005年、「あさかぜ」「さくら」の引退に合わせ、往年の電気機関車EF65、EF66が一斉公開された

人もまばらなホームに佇む「日本海」

夜を越えて

寝台特急の車掌業務は多岐にわたる

カーテンで仕切られた
「日本海」A寝台

新聞など、夜を徹して
多くの荷物も運ばれた

力強い機関車もブルートレインの魅力

忘れたくない風景

「あさかぜ」の車窓から見た朝の瀬戸内海

列車の切り離しや連結はブルートレインの旅の見どころだった

2009年の「富士」最終運転。高速鉄道網の発達はブルートレインにとって逆風だった
東京駅にて

本書に掲載の写真は、特記を除き交通新聞社の所蔵・撮影です。

ブルートレインは なぜ愛されたのか？

昭和絶頂の寝台特急とその時代

松本典久
Matsumoto Norihisa

交通新聞社新書 155

ブルートレインはなぜ愛されたのか？——目次

序　章　ブルートレイン・ブームの兆し……7

第1章　ブルートレインはここがスゴかった！……13

ブルートレインのシンボル「ヘッドマーク」……14

ブルートレインの先頭に立つ機関車……32

ブルートレインを象徴する青い客車たち……55

時刻表で見るブルートレイン……75

ブルートレインの食堂車……86

ブルートレインの運行を支える車掌さん……96
上野駅発着を支えた〝ラッパ屋〟……106

第2章　ブルートレインの旅……111
元祖ブルートレイン「あさかぜ」……112
機関車付け替えと切り離しが楽しかった「さくら」……120
山陰連絡のブルートレイン「出雲」……128
ルート変更を繰り返した「あけぼの」……138
北海道連絡も担った「日本海」……148

第3章　世間を巻き込むブルートレイン・ブーム……157
「ブルートレイン・ブーム」の予兆……158

「ブルートレイン・ブーム」を後押ししたテレビ番組……165
グッズ化していったヘッドマーク……169
ファンたちのバイブルだった「全百科」シリーズ……176
鉄道模型も「ブルートレイン・ブーム」……192
鉄道趣味誌も次々創刊……202
第4章　ブルートレインのラストステージ……211
終　章　ブルートレイン・レガシー……235
参考文献……254

本書に掲載の写真は、特記を除き交通新聞社の所蔵・撮影です。

序章

ブルートレイン・ブームの兆し

1970年代後半、「ブルートレイン・ブーム」と呼ばれる社会現象が生じた。

国鉄で運行されていたブルートレインに大きな注目が集まり、愛好者たちの動向が熱狂化していったのだ。もともと、ブルートレインは鉄道愛好者にとって人気のあるテーマではあったが、その志向が高まり、さらに多くの人々を惹きつけていったのだ。

1978（昭和53）年に入ると、このブームは年少者に広まり、東京駅、上野駅、大阪駅などには、ブルートレイン発着時間になると多くの小中学生が集まるようになった。

特に東京駅では車両基地との回送による折り返し運転があるため、必ず機関車の付け替えが行なわれていた。ブルートレインの客車から機関車を切り離す、あるいは客車に機関車を連結する。こうした鉄道ならではの情景に小中学生たちが熱狂したのだ。

その貴重な瞬間をカメラで撮影する小中学生もあったが、多くはカメラを持たず、ただただ眺めているだけ。この時代、大衆向けとされたコンパクトカメラでも小中学生には敷居が高かった。リーズナブルなレンズ付きフィルムとして大ヒットする富士フイルムの「写ルンです」にしても発売は1986（昭和61）年から。小中学生の場合、親が管理する家のカメラを持ち出してくるのが精一杯という時代だった。

彼らは見ているだけで満足し、熱狂できたのである。実は彼らこそが純粋な鉄道ファンだったのかもしれない。

小中学生たちから始まった熱狂はマスコミを動かし、関連の書籍や雑誌が発行された。それはまた新たな人々を惹きつけ、鉄道模型や関連グッズなどの商品化が進んだ。特に鉄道模型でいえば「Nゲージ」と呼ばれる新たな規格を躍進させる原動力の一つにもなったし、生活雑貨や衣料品などの一般向け商品にまで、ヘッドマークなどがデザインされるようになっていった。

こうしたブームを引き起こした「ブルートレイン」とは何だったのだろうか。

実は国鉄が自ら使い始めた言葉ではない。鉄道愛好者の間で愛称として使われるようになり、それが一般化してから国鉄も使うようになった言葉だ。

１９７０年代に編纂され、本編だけで14巻にもなる『日本国有鉄道百年史』に「ブルートレイン」の言葉は出てこない。

唯一、20系客車を最初に使用した「あさかぜ」の解説に「ブルー・トレーン」として親しまれた旨の記述がある。

鉄道趣味誌を調べてみると、月刊『鉄道ファン』では１９６５（昭和40）年１月号で

「特急のすべて」という特集を組み、ここに当時国鉄職員でのちにＪＲ九州の初代社長に就任した石井幸孝《よしたか》氏による「ＤＤ51ブルートレーンをひく」という記事がある。同号にはのちに『鉄道ジャーナル』の編集長となる竹島紀元《としもと》氏が、「北の流れ星」というタイトルで寝台特急「はくつる」の追跡ルポを発表しており、ここでも「ブルー・トレイン」の言葉が使われている。この竹島氏によって創刊された『鉄道ジャーナル』では、１９６７（昭和42）年12月号に掲載された刈田《かりた》草一氏の「名士列車から月光まで」という記事あたりから「ブルー・トレイン」という言葉が多用されるようになり、２年後の『鉄道ジャーナル』１９６９（昭和44）年７月号では「寝台特急　ブルー・トレイン」という特集が組まれた。すでに鉄道愛好者の間では、「ブルートレイン」という言葉が使われていたことを示している。

ちゃんとした定義があるわけではないが、「ブルートレイン」とは「国鉄・ＪＲで運転されてきた客車を使用した寝台列車、ないしはその車両」といえる。つまり特定の列車名ではなく、こうした列車グループ、ないしはこうした列車に使用する車両グループの愛称なのである。

国鉄の民営化時、当時運用されていた列車はＪＲ各社に継承され、ブルートレインの運行も引き継がれた。ちなみにＪＲ旅客6社の一つ、ＪＲ東日本では発足後に「ブルートレイン」を商標登録、１９９４（平成６）年９月30日付で「登録３００４４３４（商願平04−１７１６０７）」として認可を得ている。これにより「ブルートレイン」という名称が公的にも権利を得たことになる。

「ブルートレイン・ブーム」の前には、「ＳＬブーム」があった。

国鉄では昭和30年代から経営の刷新と合理化を目指して動力近代化を進めていた。つまり蒸気機関車を電車やディーゼル車に置き換えるというものだ。蒸気機関車の急激な引退を惜しむかたちで、昭和40年代に鉄道愛好者たちの間で沸き上がったのだ。

国鉄の動力近代化は着々と進められ、１９７５（昭和50）年度末の蒸気機関車の終焉とともに「ＳＬブーム」は終息する。

しかし、ブームは去ってもＳＬにより鉄道の魅力に関心をもった人々は、鉄道趣味の世界を去らなかった。ＳＬに代わる新たなテーマを模索しながら、鉄道への想いを繋いでいった。

その新たなテーマの一つとなったのが「ブルートレイン」だった。

かくして鉄道愛好者からブルートレインは注目されはじめ、徐々にその魅力が認識されていく。やがて小中学生たちも巻き込んだ、あの一大ブームへと進んでいくのだ。

そこには先述のようなマスコミをはじめ、経済的な目論見から動いたさまざまな業界もあったが、実はその動きを支え、促進していたのは国鉄自身でもあった。

今、「ブルートレイン・ブーム」の時代を振り返り、改めて「ブルートレイン」の魅力と当時の時代背景を探ってみたい。

第1章

ブルートレインはここがスゴかった！

ブルートレインのシンボル「ヘッドマーク」

ヘッドマーク、テールマーク、トレインマークの違い

ブルートレインの魅力の一つは、先頭の機関車が掲げる「ヘッドマーク」にあった。多くのヘッドマークは直径660ミリほどの円形にデザインされ、列車名とその特徴がコンパクトにデザインされていた。

このヘッドマークを掲げた瞬間、機関車は誇らしげに表情を整える。その有無は機関車の魅力を左右する重要なポイントで、鉄道愛好者を魅了する素晴らしいアクセサリーなのである。このヘッドマークによってブルートレインがより際立ったのだ。

ヘッドマークとは列車愛称を示す標識の一つである。

列車の最後尾に掲示されれば、テールマーク（客車ではバックサイン、行灯《あんどん》などとも呼ばれた）となり、合わせてトレインマークと呼ぶこともある。

国鉄ではこれらを「車両構造基準規程」により旅客車の案内標の一部と定めていた。つ

まり、車体側面に掲げる行先表示と同じ取り扱いである。ただし、列車愛称は昭和20年代半ばまでごく限られた存在で、これといった標記方法の定めはなかったようだ。

ちゃんとした定義はないが、鉄道愛好者の間では一般に電車や気動車（ディーゼル車）の前後に掲げられたものをトレインマーク、客車列車の最後尾に掲げられたものをテールマーク、そして先頭の機関車に掲げられたものをヘッドマークと使い分けているようだ。

日本初のトレインマークは富士山と桜のデザイン

日本で最初にトレインマークが使われたのは、戦前に運転された特急「富士」「櫻」で、列車愛称の設定とともに掲げられるようになった。ただし、この時は先頭の機関車ではなく、列車最後尾の客車に取り付けられたテールマークだった。

「富士」は富士山を模した山形、「櫻」は円形に桜の花びらをデザインして「さくら」の文字をあしらった。その後、特急「燕」が新設され、この列車にも「つばめ」の文字をあしらったテールマークが掲げられた。

これらの特急は戦局の悪化で運転されなくなったが、戦後の１９４９（昭和24）年９月

東京～大阪間の臨時特急として走った時代の「さくら」。この日は臨時に展望車も連結、桜の花をデザインしたトレインマークも掲げられた。1956（昭和31）年1月10日

後年の「富士」。山をかたどった三角形のマークが印象的だ

に新たな特急「へいわ」が誕生する。ここでもテールマークが登場した。

１９５０（昭和25）年1月に「へいわ」は「つばめ」と改称され、5月には姉妹列車「はと」も登場。いずれも東京～大阪間の運転で、当時の特急はこの2往復だけだった。

「つばめ」「はと」でもテールマークが装着されたが、ほどなく大阪鉄道管理局のアイデアで機関車の先頭にヘッドマークを掲げることになった。日本初のヘッドマークである。

初のヘッドマーク「つばめ」「はと」

当初は大阪の発案ということもあり、全区間ではなく浜松～大阪間限定。この間の運転は浜松機関区と宮原機関区のC62形蒸気機関車が担当していた。そこでヘッドマークは両機関区で製作されることになった。デザインは個々の機関区に任され、同じ列車でも〝個性〟を発揮することになった。

この両機関区で作ったヘッドマークは当時の鉄道愛好者だけではなく、一般の利用客にも好評を得たようで、１９５２（昭和27）年10月からは浜松以東の電化区間を担当していたEF57形やEF58形電気機関車にも掲げられるようになった。ここでは東京機関区など

ヘッドマークは数種類あり、時代によってもデザインが変わった

がヘッドマークの製作を担当することになり、さまざまなデザインの「つばめ」「はと」が行き交うことになった。

さらに1953（昭和28）年3月には京都～博多間に特急「かもめ」が新設され、ここでもヘッドマークが掲げられることになった。

ちなみに「かもめ」は梅小路、広島、下関、門司など各機関区のC62形やC59形蒸気機関車、関門トンネル用EF10形電気機関車がバトンタッチするかたちで運転されており、ヘッドマークのデザインは「つばめ」「はと」にも勝ってバラエティーに富んだ。

なお、客車に掲げられたトレインマークは直径800ミリの円形で、当初はヘッドマークもこのくらいのサイズを基本にデザインされたそうだ。ただし、機関車に取り付けるには大きすぎたようで、やがて直径660ミリが標準となっていく。これはその後に誕生するブルートレインのヘッドマークの標準的なサイズとなり、JRへも引き継がれている。

「あさかぜ」のデビューでブルートレイン＝ヘッドマークに

1956（昭和31）年11月19日、東海道本線全線電化完成を機に実施されたダイヤ改正で、元祖ブルートレインの前身となる東京～博多間の夜行特急「あさかぜ」が新設された。夜行ではあるものの専用のヘッドマークが用意され、先頭の機関車に掲げられた。

2年後の1958（昭和33）年10月1日、「あさかぜ」に新規開発された青色の20系客車が導入され、ブルートレイン第一号が誕生する。この時、列車新設時に用意されたヘッドマークはそのまま継承され、ヘッドマークは「あさかぜ」を象徴するシンボルであるとともに、ブルートレインのシンボルとしても印象付けられていった。

ブルートレイン「あさかぜ」は大好評となり、東京〜長崎間の「さくら」、東京〜西鹿児島（現・鹿児島中央）間の「はやぶさ」など次々と新たなブルートレインが走り始める。

この20系客車開発時、国鉄では昼行の特急は電車・気動車、夜行の特急は機関車が牽引する客車といった方針を打ち出しており、昼行となっていた「つばめ」「はと」は１９６０（昭和35）年６月に電車化、また「かもめ」は翌年10月に気動車化された。「あさかぜ」がブルートレイン化した１９５８（昭和33）年10月には新たな昼行客車特急「はつかり」（上野〜青森間）も誕生していたが、これは１９６０（昭和35）年12月から気動車化された。

つまり、この時点で機関車が牽引する客車特急はブルートレインだけとなり、ヘッドマークとブルートレインの結びつきはより強いものになった。ちなみに急行や準急、快速でもヘッドマークを掲げた列車はあったが、その起用は限定的だった。

デザイナーはのちにグリーン車マークを作る黒岩氏

その後、ブルートレインは「みずほ」（１９６３年６月／東京〜熊本・大分間）、「富士」

青が基調の「はくつる」と、朱色に浮かぶ「ゆうづる」

（１９６４年10月／東京～大分間）、「はくつる」（１９６４年10月／上野～青森間）、「あかつき」（１９６５年10月／新大阪～西鹿児島・長崎間）、「ゆうづる」（１９６５年10月／上野～青森間）、「彗星」（１９６８年10月／新大阪～宮崎間）、「日本海」（１９６８年10月／大阪～青森間）などと勢力を伸ばしていく。

これらの列車はヘッドマーク付きが原則となっており、大半が運転開始時からヘッドマークを掲げて運転された。

次々と新設されていくブルートレインのヘッドマークは国鉄本社の車両設計部門が担当していた。特に黒岩保美《やすよし》氏の尽力が大きかったという。

黒岩氏は１９６９（昭和44）年に制定されたグリーン車のマークデザインが有名だが、この時代にはブルートレインのヘッドマークデザインも担当している。なかでも「はくつる」「ゆうづる」に描かれた端正な鶴のデザインは黒岩氏の作品として知られている。特に夕陽をイメージした「ゆうづる」のヘッドマークが真っ黒な車体のC62形蒸気機関車に掲げられた姿は何とも魅力的で、これに魅せられて鉄道ファンになったという人も多い。

鉄道愛好者にとってはブルートレインの魅力は、ヘッドマークそのものにあるといえるような存在になったのである。

緻密に計画されたヘッドマークの回し方

利用客や鉄道愛好者たちに人気を博したヘッドマークだったが、現場を担当する国鉄職員からすれば、列車にヘッドマークを掲出することは、運転そのものとは異なる業務上の余計な手間がかかる。機関車への取り付けや取り外しといった作業はもちろんのこと、その列車に対してどのように準備していくか決めておかねばならないのだ。

ブルートレインは長距離で運行されることもあり、始発から終点まで同じ機関車が牽引することはまれだ。例えば途中で1回機関車交換をするとすれば、ヘッドマークはそれぞれの機関車に取り付けておく必要があり、2枚必要になるわけだ。また、機関車の効率的な活用のため、復路は別の機関車を使用することもある。そのためには復路用ヘッドマークを用意するか、あるいは適当なタイミングで付け替えをしなければならない。

製作費や保管場所を考えると同じヘッドマークを無数に作るわけにはいかず、必要最小限の枚数で回していかねばならない。

ブルートレインの運転のためには、機関車、客車、乗務員などそれぞれの運用を定め、効率的に安全な運行を行なっている。ヘッドマークもこれらと同じく独自の運用を決めて、それにより初めて正確な掲出が維持されているのだ。

一時消えたヘッドマーク理由は面倒だったから？

こうした手間の問題もあり、機関車運用の合理化などで担当列車が複雑になってくると、現場や管理者からヘッドマークの扱いが煩わしいという声が出てくる。

1969（昭和44）年には門司機関区の電気機関車でヘッドマークの使用が中止となり、翌年10月には九州島内のディーゼル機関車もヘッドマークの掲出を中止した。これで九州を走るブルートレインは、すべてヘッドマークなしの運行となった。

この九州の動きはほかの線区にも波及し、1973（昭和48）年10月以降、ヘッドマーク付きで運行されているブルートレインは東海道・山陽本線の直流電気機関車だけとなってしまった。さらに1975（昭和50）年3月改正では、東京機関区が担当する東京発着のブルートレインだけとなってしまう。鉄道愛好者、ブルートレイン愛好者にとっては、まさに暗黒の時代となってしまったのだ。

しかし、東京発着のブルートレインだけにヘッドマークが残ったという「希少性」は、新たな鉄道愛好者を呼び寄せることにもなった。これが東京駅に集まるようになった小中学生であり、「ブルートレイン・ブーム」へと進んでいくきっかけにもなったとも考えられる。

暗黒の9年間ののち
一転して復活のヘッドマーク

1984（昭和59）年2月、ダイヤ改正を機に九州の全ブルートレインにヘッドマークが掲出されることになった。その背景については後でふれるが、このヘッドマーク復活にかける国鉄九州総局の意気込みはなかなかのものだった。ダイヤ改正に先駆けて門司機関区でヘッドマーク付きの機関車を並べて一般向けの撮影会を実施、さらに市内のデパートでもヘッドマークを展示するなど、これまでにないサービスでPRした。

　この九州でのヘッドマーク復活は鉄道愛好者の中でも大きな話題となった。

　九州地区のヘッドマークは、本州のヘッドマークと違い、円形ながら表面は緩やかな球面となっていた。平らな円形ヘッドマーク（ごく薄い円柱形）と違い、見た目も重厚な高級感が漂うものだった。一方、その製作にはプレス加工など熟練した技術が必要で、なおかつ重量も増す。１枚で10キロ近いそうだ。実はこの重量がヘッドマーク中止の原因だったという話もあるが、復活に向けて用意されたヘッドマークは見事にこの伝統的な形状を引き継いだものだったのである。

小倉工場で作成された複合ヘッドマーク

また、このダイヤ改正では「あかつき」と「明星」の併結運転も設定され、門司〜鳥栖間向けに「あかつき」「明星」を複合したヘッドマークが用意された。その後、複合ヘッドマークはいくつか作られているが、これが走りとなった。

裏話として、当初下りは「明星」、上りは「あかつき」のヘッドマークを掲げて運転する計画だったそうだ。しかし、営業からクレームが入り、ダイヤ改正まで1カ月を切ったところで、二つの列車愛称を入れたデザインで新規に作ることになった。この製作は国鉄小倉工場が担当、ダイヤ改正目前の1月28日に完成したと伝えられている。

ヘッドマーク復活には国鉄の経営事情があった

しかし、そこまでして何でヘッドマーク復活となったのだろうか。

当時、国鉄を取り巻く状況は厳しかった。国鉄は1964（昭和39）年度に単年度収支で8300億円となる赤字を計上した。当初は繰り越し利益でカバーしていたものの、1966（昭和41）年度決算で完全な赤字に転落。それ以降、赤字体質が続いた。

国鉄では経営の合理化を進め、この苦境を乗り切ろうとしたが、やがて値上げという手段を講じざるをえなくなる。

１９６９（昭和44）年、初乗り運賃は20円から30円となった。それから5年間は運賃・料金が据え置かれたが、その後は毎年のように値上げが続いた。さらに道路整備とマイカーの浸透、航空機の台頭などもあって国鉄のシェアは落ち込んでいく。

一方、新幹線の建設が進み、１９７２（昭和47）年に岡山、１９７５（昭和50）年に博多まで開業する。これにより特に西日本では特急運行体系が大きく変わった。昼行特急は新幹線各駅を起点とした運行になり、夜行特急のブルートレインは運行縮小となったのだ。

１９７９年の成功体験
「銀河鉄道９９９」とタイアップ成功

国鉄ではシェア改善策の一つとして、１９７８（昭和53）年10月から特急電車のトレインマークを文字だけのシンプルなスタイルからイラスト入りのカラフルなものに変更した。翌１９７９（昭和54）年7月にはやはり文字だけだったブルートレインの客車に掲示されていたトレインマーク（先頭部は機関車が連結されているので、実質的にはテールマーク）をイラスト入りに変えた。

交通新聞 (2)

銀河鉄道999

チビッ子らの夢のせ発車

アンドロメダは鳥山駅だ

楽しさいっぱいの車内 昼食は宇宙弁当

駅前広場は歓迎の渦

地元も打上げ花火

釧鉄、営業成績も優秀

積極セールス奏功

ミステリー列車「銀河鉄道999」の盛況を報じる1979（昭和54）年の『交通新聞』

このイラスト入りトレインマークの効果は後述（第3章）するが、鉄道愛好者たちの大きな話題となった。さらに国鉄が「意匠登録せずに活用してもらう」という判断をしたことからさまざまな商品展開が行なわれ、これも一般の人々や鉄道愛好者たちを惹きつけていく。国鉄も改めてトレインマークやヘッドマークの効果を実感したに違いない。

さらに増収策の一つとしてイベント列車の運行にも力を入れた。これらの列車にも専用のヘッドマークを用意し、それもPRに活用した。

例えばブルートレインのトレインマークがイラスト入りになった7月22・23日には人気アニメとタイアップしたミステリー列車「銀河鉄道999」が運転され、ここにも美しいヘッドマークが掲げられた。これはアニメファンと鉄道ファンの双方から人気を集め、国鉄はヘッドマークの重要性を改めて感じたに違いない。

「銀河鉄道999」は首都圏での運転だったが、九州総局はヘッドマークの効果にあやかるべく、ブルートレインヘッドマークの復活を進めていったと思われる。

末期を迎えた国鉄がヘッドマークにかけた期待

かくして1984（昭和59）年2月に実施された九州のヘッドマーク復活は、鉄道趣味誌を中心に大きなニュースとなった。

波及効果もかなりあったことだろう。8カ月後の同年10月には上野発着の「あけぼの」（ヘッドマーク復活は上野〜黒磯間）、「ゆうづる」（同じく上野〜水戸間）でヘッドマークが復活した。さらに翌1985（昭和60）年3月までに全国でブルートレインのヘッドマークが再掲出されるようになった。

なお、この時のヘッドマーク復活については地域ごとの判断ではなく、国鉄本社が指揮をしたと思われる。それまでヘッドマーク掲出の金具がなく、掲出そのものができなかった関門トンネル用のEF30形、奥羽本線板谷峠用のED78形、EF71形にも金具が取り付けられ、ヘッドマークが掲げられるようになった。車両を加工してまでのヘッドマーク掲出だったのだ。

ブルートレインは大半を夜間に走行する列車である。板谷峠あたりの通行は深夜だ。人目につきにくい夜間帯でもヘッドマークを掲げて運行する――。そこに当時の国鉄の「必死さ」が読み取れるようだ。

すでに国鉄の経営は抜き差しならないところまで達しており、1980（昭和55）年12月には「国鉄再建法」こと「日本国有鉄道経営再建促進特別措置法」が成立公布されていた。ここでは不採算路線のシビアな切り捨てが行なわれた。国鉄の現場を守る人々は、少しでもできる施策を講じ、存続のために必死にならざるをえなかったのだ。

残念ながら九州でのヘッドマーク復活から2年後の11月にはいわゆる「国鉄改革関連8法」が成立、1987（昭和62）年3月末をもって国鉄は分割・民営化され、翌4月1日からJRグループによる運営に引き継がれることになった。

国鉄はそんな重大な局面にあったわけだが、ブルートレインのヘッドマーク復活そのものは多くの鉄道愛好者を喜ばせることになった。ヘッドマークの「希少性」あたりから始まった「ブルートレイン・ブーム」だったが、時間とともにヘッドマーク掲出列車が増え、ブームへの追い風となっていったのだ。

ブルートレインの先頭に立つ機関車

少年たちがときめいた圧倒的な存在感

ブルートレインの魅力は、機関車が牽く客車列車ということにもあったと思う。多くの場合、わずか1両の機関車で、十数両にもなる客車を牽いて運行していた。そのとてつもない力強さには常に圧倒された。

動力の塊そのものといった機能性に徹したスタイルも魅力だ。さらに動力を維持するためのブロワー音やエンジン音も生命を感じさせ、それも大きな魅力となっている。

「ブルートレイン・ブーム」の時代、ブルートレインの発着時間になると駅のホームには大勢の子どもたちが集まってきた。なかには家族旅行などで乗車する子どももあったが、大半はブルートレインを見るだけのために集まっていた。実物にふれるだけで満足できる子どももいれば、その姿を写真に収める子どもたちもいた。

こうした子どもたちにはブルートレインの編成全体も魅力的だが、やはり列車の先頭に連結された機関車に興味が集中する。機関車は常に熱いまなざしに囲まれていた。

先頭の電気機関車の脇に立てばごうごうと響くブロワー音に包まれる。破格の電力を扱うために余熱が発生、それを制御するべく通風機が全力で務めを果たしているのだ。

やがて出発信号機が青を点灯。甲高い汽笛が吹鳴《すいめい》され、機関車が静かに動き始める。その力は連結器を経て後ろの客車に伝えられる。その瞬間、とんでもない力がかかるはずだが、機関車は空転もせず、動きを止めない。そして一編成が発進するのだ。

この出発の時、機関車の持つ力には恐ろしさすら感じ、畏敬の念で胸いっぱいになる。

機関車に続く青い客車が１両、また１両と目の前を過ぎていく。そして最後尾の客車が通過していく頃、列車は結構な速度で走っている。この加速にも機関車の力を感じつつ、終着駅までの無事な行路を祈るのだ。

電車に置き換わっていく
機関車＋客車

ブルートレイン第一号となる「あさかぜ」が登場したころ、国鉄にとって機関車＋客車による運行は当たり前で、特別な存在ではなかった。

しかし、この頃から動力近代化が急速に進められていく。その狙いの一つは蒸気機関車を引退させる無煙化だったが、単純に電気機関車やディーゼル機関車に置き換えるだけではなかった。旅客列車の場合、電化とともに電車に置き換える、あるいは気動車に置き換えるといった施策も実施され、急速に客車列車が減っていくのだ。

改めて補足しておくと、現在、私たちが一般的に利用する鉄道車両は「電車」だ。電車とは人々が乗れる車両に電動の動力装置を搭載したもの。エネルギー源は電気だ。また、動力装置としてディーゼルエンジンを使う車両もあり、これは「気動車」または「ディーゼルカー」と呼ばれる。ここでは燃料として軽油が使われている。

一方、鉄道車両には自らは動力を持たずに乗客を乗せる「客車」、また貨物を載せる「貨車」もある。客車、貨車は動力に特化した「機関車」と連結することで運転される。この機関車は動力装置によって「電気機関車」「ディーゼル機関車」「蒸気機関車」などと呼ばれている。

なお、近年は電力とエンジンを併用したハイブリッド方式の車両も登場している。

もっとも「ブルートレイン・ブーム」の走りとなった１９７８（昭和53）年頃で見ても、地方幹線を中心に客車の普通列車がまだかなり運行されており、夜行急行も大半が客車列車となっていた。つまり、機関車には、その気になれば首都圏や近畿圏でも出会うチャンスがあったのである。

しかし、やはりブルートレインは格別だった。美しく整った青い客車の先頭に立つ機関車は、例え同じ形式の機関車であっても、ほかの列車にはない風格を醸し出していたのである。

全国の鉄路を走った機関車の変遷

次ページにブルートレインの先頭に立っていた歴代の機関車を一覧にした。

ブルートレインは東京〜九州間で運転を開始、時代とともに全国各地に足を延ばしていく。さらに時代とともに動力近代化も進んだ。そのため、ブルートレインの運転には数十に上る多彩な機関車が活用されることになった。

運転開始時、非電化区間では蒸気機関車が先頭に立った。ここではC62形、C61形、C60形、C59形といった大型機の起用が目立つ。大型機の入線が可能な幹線で運転されていたこと、さらに特急列車としての高速性が求められ、このような布陣になったのだろう。

ブルートレインを牽いた機関車たち

●蒸気機関車	C57　C59　C60　C61　C62　C11
●直流電気機関車	EF10　EF58　EF60P　EF64　EF64-1000　EF65P　EF65PF　EF66
●交流電気機関車	ED71　ED72　ED73　ED74　ED75　ED76　ED78　ED79　EF70　EF71
●交直流電気機関車	EF30　EF80　EF81　EF510
●ディーゼル機関車	DD51　DD54　DE10　DF50

当初、ブルートレインの走る電化区間はすべて直流で、ここではＥＦ58形が起用された。昭和20年代に旅客用として量産された機関車だったが、昭和30年代に入ると60番台の「新性能電気機関車」が次々と開発され、それがブルートレインにも導入されていった。

また、昭和30年代には地方幹線で交流方式の電化も始まった。ここでは路線や用途ごとにさまざまな交流電気機関車が開発され、ブルートレイン牽引機はさらにバラエティーに富んでいく。

さらにこの時代は幹線向けのディーゼル機関車が開発された時期でもある。最初は電気式のＤＦ50形が起用され、のちに液体式のＤＤ51形が登場する。ＤＤ51形は６００両以上量産され、全国各地で幅広く使われるようになった。

「ブルートレイン・ブーム」の時代、その第一線で活躍、鉄道愛好者たちの人気を集めた機関車をいくつか紹介してみたい。

EF65形。東海道本線原〜沼津を走る「さくら」。著者撮影

最も多く造られた国鉄標準機ＥＦ65形

ＥＦ65形は１９６５（昭和40）年10月から東京駅発着列車を中心に東海道・山陽本線のブルートレインの先頭に立つようになった機関車だ。

元々、東海道・山陽本線などでの運用を想定した、平坦線向け直流電気機関車として開発された。開発にあたっては１９６０（昭和35）年に登場したＥＦ60形をベースとして、ギヤ比を調整して高速性能を高め、牽引特性も強化しているのが特長だ。さらにほかの構造にも改善が加えられており、量産に対応した標準化が進められている。

こうしてＥＦ65形は１９６５（昭和40）年から１９７９（昭和54）年まで３０８両が製造されている。つまり、ブルートレインには製造初期の新鋭トップグループから導入されたことになる。

ちなみに308両という数は、国鉄の電気機関車としては史上最多。この両数が示すように極めて優秀な成績を収めた機関車であり、用途に合わせて一般形、P形、F形、PF形と作り分けも行なわれている。このうち、ブルートレインにはP形とPF形が使用されている。

最初のブルートレイン用とされたのは、1965（昭和40）年から翌年にかけて製造された17両（501～512・527～531）だ。この時代、ブルートレインでは時速110キロ運転が計画されており、これに対応すべく一般形とは別にブレーキ力を増やす増圧装置、電気指令式ブレーキ、さらに客車車掌室との連絡電話などが取り付けられた。

機番から500番台と呼ぶこともあるが、513～526などは高速貨物列車向けの装備を用意したもので内容は異なる。そのため、ブルートレイン向けは「旅客」を表す「passenger」の頭文字を使い「P形」、貨物向けは「貨物」を表す「freight」から「F形」と呼ばれている。

P形の車体そのものは一般形と変わらず、塗色も国鉄の新性能直流電気機関車標準とされた青15号とクリーム色1号で構成されている。しかし、塗り分けのデザインが大きく変わり、別の機関車のように見える。

一般形は車両の接近を認知させる警戒色の意味合いからクリームを前面窓下にあしらっていたが、P形ではブルートレインの牽引が基本となる。そこで20系客車の意匠に合わせて車体側面にラインを入れ、前面も別の塗り分けとした。ちなみに塗色も20系客車と同じく青15号とクリーム色1号。ここで機関車から客車までトータルデザインの列車となったのである。なお、P形以前にブルートレイン牽引機を務めたEF58形やEF60形でも、運用に入る機関車で専用塗色としたものがある。

P形は1965（昭和40）年から東京～下関間で活躍したが、ブルートレインの運転本数が増えてくると17両では運用できなくなる。そのため、1968（昭和43）年には一般形から改造された8両が535～542としてP形に編入されている。

耐寒耐雪で客荷両用
使い勝手よく設計変更

ブルートレインの先頭に立ったEF65形はP形だけでなく、旅客・貨物ともに使用されるPF形も起用された。これは1969（昭和44）年から製造された1000番台となる

EF65形1000番台の「さくら」。著者撮影

グループだ。

ＥＦ65形は量産が進むなかで、その安定した性能に評価が高まる。当初、東海道・山陽本線用とされていたが、東北本線黒磯以南の直流区間、そして高崎線や上越線などにも運用範囲を広げることが検討された。しかし、上越線は降雪地。また、北関東でも冬季の冷え込みは厳しい。そのため、一般形や５００番台にはなかった耐寒耐雪対策が必要とされ、さらに重連での運用も想定された。

こうした条件に対応すべく設計変更が行なわれたが、一般形とは構造も大きく異なり、このグループは１０００番台として製造された。なお、５００番台は旅客用と貨物用を分けていたが、1000番台では旅客・貨物汎用とされ、PF形となった。また、塗色や塗り分けのデザインは500番台を踏襲することになった。

PF形のブルートレイン牽引は「あけぼの」の上野〜黒磯間で始まった。これは列車新設の1970（昭和45）年から実施されている。

当初、PF形のブルートレイン牽引は限定的だったが、数年後には東海道・山陽本線で活躍していたP形の老朽化が問題となってきた。東京〜下関間は1000キロを超える行程。ここを毎晩のように走るわけで、足まわりの消耗は避けられなかった。

そこでPF形への置き換えが決まり、1978（昭和53）年7月末に東京駅発着列車から導入開始。この置き換えは同年10月までに完了、東京駅からP形が消えたのである。

実は「ブルートレイン・ブーム」が動き出した時、こうしてP形とPF形の新旧交代があったわけで、それが鉄道愛好者には大きな話題となっていたのだ。

国鉄最強の電気機関車

EF66形

EF66形は東京駅発着ブルートレインの終焉まで先頭に立ち、そのスタイルとともに人

EF66形「さくら」。品川運転所にて

気のあった機関車だ。ただし、ブルートレイン用として開発された機関車ではなく、当初は貨物列車専用として開発されている。

ＥＦ65形の開発された時代、ブルートレインでの時速１１０キロ運転が計画されていたが、貨物列車でもスピードアップが検討されていた。貨物列車はそれまで時速85キロが最高速だったが、新たな高速対応貨車を開発、１９６６（昭和41）年から時速１００キロ運転を実施した。さらに貨物需要も増えていたため、１０００トンを超える貨物列車も計画され、将来的には時速１１０キロ運転も見込まれていた。

１０００トンを超える貨物列車を時速１１０キロで運転することは、新鋭ＥＦ65形のＦ形でもさすがに厳しく、重連にて運転せざるをえなかった。ただし、これでは出力が過剰となり、変電所などの負荷も大きくなってしまう。

かくして高速貨物列車向けの新たな電気機関車の開発が始まり、1968（昭和43）年からEF66形として量産が始まった。1時間あたりの定格出力は3900キロワット。EF65形が2550キロワットなので、1・5倍以上の出力アップ。また定格速度はEF65形の時速45キロに対して時速72・2キロと格段に大きくなっている。ちなみに最高速度はEF65形、EF66形ともに時速1110キロ（EF65形一般形は時速1100キロ）だ。

合理的にデザインされた格好いいフォルム

貨物専用機として開発されたが、その車体デザインはそれまでの国鉄電気機関車にないものだった。高速運転ということで視野を広げるため、運転室は高く配置された。これにより車体が大きくなるため、側面上部を絞り込んで車両限界（鉄道車両の大きさを定める規格の一つ）との調整を計った。

また、前面は窓下を突き出した独特なフォルムを描く。これはスピード感を強調したデザインとも評価されるが、限られた重量の中で運転室スペースに余裕を持たせるという機能的な視点からの設計だったそうだ。丸くなった運転台屋根にしても運転室内の高さを確保するものだ。

もっとも、電車や気動車の特急シンボルを彷彿とさせる前面ナンバープレートの三角形の枠、腰にまとめて設えた前照灯と尾灯、そしてその間に設置された飾りなど、デザイン的な遊びもあちこちに見て取れる。さらに塗色も青15号とクリーム色1号の基本色にとどめながら、ＥＦ65形５００番台のようなラインを入れ、それまでの国鉄電気機関車とは別格の雰囲気を持つ、格好いいスマートな車両となった。

こうしてＥＦ66形は55両製造され、暫定的にＥＦ65形重連で運転されていた特急貨物列車「ぎんりん」などの先頭に立ち、東海道・山陽本線を疾走するようになった。

当時はすべて貨物専用となって運用されていたが、筆者などはその姿を見かけるたびにブルートレインの先頭に立ったら「さぞ似合うだろうなあ」と思っていた。実際、月刊『鉄道ファン』の１９７５年7月号には国鉄車両設計事務所の松田清宏氏によるＥＦ66形がブルートレインの先頭に立つ夢の検討記事が掲載されたし、鉄道模型の世界でそうした遊びをしていた友人も多かった。

しかし、これは夢に終わらなかった。

ブルートレインの改革として１９８５（昭和60）年にロビーカーが開発され、九州連絡のブルートレインがそれを組み込んだ15両編成で運転されることになったのだ。当時、東海道・山陽本線のブルートレインはＥＦ65形ＰＦ形で運転されていたが、15両となると出力不足。かつての「ぎんりん」のように重連運転も検討された。

一方、この時代、国鉄の貨物輸送に大きな変革が訪れていた。貨物列車の需要が落ち込み、ＥＦ66形の担当する特急貨物列車は１９８４（昭和59）年２月に大幅減便となった。貨物列車のスターだったＥＦ66形にも大幅な余剰車が出てしまっていたのだ。

このダイヤ改正では貨物用の操車場が全廃となり、貨物列車はすべてヤード集結型輸送から直行型輸送に切り替えられていた。そんな大胆な措置をとっていたにも関わらず、国鉄貨物は低迷していたのである。

結果としてＥＦ66形余剰車をブルートレイン牽引に充てることとなり、１９８５（昭和60）年３月ダイヤ改正から「あさかぜ」「さくら」「はやぶさ」「みずほ」「富士」の東京〜下関間で活躍が始まった。

ＥＦ65形でもブルートレインとの一体感が美しかったが、ＥＦ66形ではより一層のマッチングとなった。さらに窓下を突き出したフォルムは特急らしいスピード感も演出してくれた。そして最高時速110キロ、定格速度72・2キロという高速性能も存分に発揮して運転にもゆとりが出たという。その後、EF66形は関西発着列車にも起用されるようになり、ブルートレイン終焉まで多くの人々を魅了したのである。

交直流どちらも運転可能な万能型
EF81形

鉄道の電化は当初、直流方式で始まった。すでに交流電動機もあったが、鉄道車両の電動機としては直流電動機の方が扱いやすかったのだ。

この直流方式は、車両価格も比較的廉価だったが、変電所など地上設備にコストがかかるという問題もあった。一方、交流方式は直流に比べて車両価格が高額になるものの、地上設備は廉価。そのため、運行本数の多い都市部などは直流、運行本数の限られている地方幹線では交流と使い分けるアイデアが生まれる。国鉄の電化が進められた昭和30年代、こうした方針の下で東海道・山陽本線は直流、ほか地方幹線は交流とされたのだ。

しかし、交流では周波数の問題がある。日本は地域によって50ヘルツと60ヘルツに分かれている。そのため、当初は周波数の違いに合わせて鉄道車両も作り分けられたが、やがて電化区間が伸びてくると、直流から交流50ヘルツ、あるいは交流60ヘルツへと直通運転をする必要性も生まれてきた。こうして開発されたのがＥＦ81形だ。

ＥＦ81形は、直流、交流50ヘルツ、交流60ヘルツと三つの電源に対応した電気機関車だ。特殊な路線を除き、国鉄の電化区間ならどこでも運転できる万能選手として開発された。ネットワークを広げるブルートレインにとって、まさにうってつけの機関車といえる。

EF81形「あけぼの」。青森駅にて

ＥＦ81形の開発は、「日本海縦貫線」の電化進捗によって始まった。「日本海縦貫線」は日本海の沿岸部を通って、関西と東北を結ぶ路線の総称だ。東海道本線（含む湖西線）、北陸本線、信越本線、羽越本線、奥羽本線を通る。このうち、電化の早かった東海道本線と信越本線は直流１５００ボルトとなっていたが、北陸本線では60

ヘルツの交流2万ボルト、羽越本線と奥羽本線は50ヘルツの交流2万ボルトが基本となり、3方式の電源が混在することになったのだ。

各電源に合わせた車両も開発されていたが、直通運転となればすべての電源に対応する車両の起用が効率的だ。こうして開発されたのがＥＦ81形である。同時期、電車特急向けの485系が開発されているが、これも3電源に対応、直通運転可能な車両として開発されたものだ。

このＥＦ81形では北陸・東北の沿岸部を走るという地域の特性から耐寒耐雪構造とし、さらに塩害対策も施している。また、客車・貨車の双方に使える汎用性も準備された。性能的にはＥＦ65形一般形と同クラスとされ、最高速度も時速110キロとなっている。ただし、直流専用機のＥＦ65形よりは搭載する機器も多く、車体長や車体高がひとまわり大きくなっている。そして車体色も国鉄交直流電気機関車標準色の赤13号。「ローズピンク」と表現されるが、退色した赤といった方がピンときそうな色調だ。

ＥＦ81形の営業運転は1969（昭和44）年10月ダイヤ改正から始まったが、同時にブルートレインの先頭にも立つようになった。

最初は前年から大阪～青森間を結んでいた「日本海」の金沢～新津間を担当している。

続いて1972（昭和47）年10月からは、大阪～新潟間で新たに運転を開始した「つるぎ」にも起用されるようになった。

なかなか実現しなかった3電源方式を通しての運転

ただし、EF81形の本領発揮とはならなかった。

「日本海」の場合、日本海縦貫線全線電化が完成した1972年10月でも大阪～米原《まいばら》間はEF58形、米原～田村間はDE10形、田村～金沢間はEF70形が担当、ここでEF81形が登場した。しかし、それも秋田まで。最後の秋田～青森間はED75形が担当している。全区間をEF81形で通すようになるのは1986（昭和61）年11月からだ。ただし、その時の機関車配置区の都合により、一部の列車は途中の敦賀駅でEF81形からEF81形に機関車交換をしている。

当然のことながら機関車交換をする駅では停車時間が長くなる。目的地までの速達という観点からすればロスになる。しかし、速達は電車特急や気動車特急にまかせ、ブルートレインは目的地へ直通させることが第一。国鉄のそんな方針が「日本海」の運転にも表れていたようだ。

もっとも鉄道愛好者がブルートレインを利用する時は、こんな機関車交換も楽しみなイベントとなり、所要時間が延びるのは同じ価格でより長い時間乗っていられると喜ばれたものだ。

なお、ＥＦ81形は日本海縦貫線以外にも活躍の場を広げていく。１９８３（昭和58）年からは常磐線上野〜水戸間でＥＦ80形とともに「ゆうづる」の先頭に立つようになった。これも水戸以北はＥＤ75形にバトンタッチしていたが、分割・民営化後の１９８８（昭和63）年３月には「北斗星」が誕生。ここでＥＦ81形は上野〜青森間をロングランするようになった。

この「北斗星」牽引に向けてＪＲ東日本のＥＦ81形は塗色を赤２号に変更、さらに車体側面に「銀の流れ星」も描き、ブルートレインの牽引機にふさわしいものとなった。これが以後の、ＪＲ東日本エリアを走るブルートレイン機関車の標準機となっていく。

なお、１９９９（平成11）年には「カシオペア」も登場。ここでも新たな専用塗装が施されている。

また、ＪＲ西日本では１９８９（平成元）年から「トワイライトエクスプレス」の運転を開始、大阪〜青森間はＥＦ81形が担当したが、こちらは客車の塗色に合わせた濃い緑色となった。やがて、この塗装はＪＲ東日本の「銀の流れ星」同様、ＪＲ西日本のＥＦ81形標準色のように広がっていった。

「銀の流れ星」は最晩年「あけぼの」として活躍、２０１４（平成26）年までブルートレインの先頭に立った。「トワイライトエクスプレス」は終始臨時列車の設定で純粋なブルートレインとは言い難いが、大阪〜札幌間の定期的な運転でいえば２０１５（平成27）年まで運行され、その最後までＥＦ81形が大阪〜青森間を担当していた。

国鉄の本線用標準ディーゼル機 ＤＤ51形

ＤＤ51形は運転室を車体中央に配置した凸型車体のディーゼル機関車である。

１９６２（昭和37）年から１９７８（昭和53）年までに６４９両も量産され、北海道から九州まで四国を除く全国の非電化幹線を中心に活躍した。貨客汎用で運用でき、ブルートレインには１９６５（昭和40）年から２０１６（平成28）年の「カシオペア」の定期的な運行終了まで50年以上使用されている。同じ機関車が使われていたわけではないが、同

DD51形が牽引した「北斗星」

一形式とすればブルートレインとももっとも長い期間で付き合いのあった機関車だ。
ＤＤ51形は国鉄の無煙化施策の中で開発された。性能的には旅客用Ｃ61形、貨物用Ｄ51形を想定、非電化の幹線・亜幹線向けとして設定されている。開発時、電気式のＤＦ50形が運用を開始しており、すでにブルートレイン牽引機としても活躍を始めていたが、出力は１２００～１４００馬力とＣ61形やＤ51形を下まわるものだった。そこで開発の進んでいた液体変速機を活用した液体式としてＤＤ51形が生み出された。出力は２０００馬力（20号機以降は２２００馬力）と格段に大きくなり、求められたスペックをクリアしたのである。
ブルートレインでは１９６５（昭和40）年10月

のダイヤ改正を機に九州エリアの「さくら」「はやぶさ」「あかつき」、東北エリアの「はくつる」「ゆうづる」に導入され、活躍を開始した。ＤＤ51形は朱色４号を基調にボンネット上部などを灰色、さらに白いラインもあしらったはっきりした塗装で、青い車体のブルートレインに連結するとよく目立った。ＥＦ65形やＥＦ66形の統一感とは違った意味でブルートレインを引き立たせる役者となったのである。

電化の進みとともに配置転換して活躍

電化の進展によってＤＤ51形の活躍も変動していくが、新たなブルートレインの誕生で新規の運用も始まる。１９６８（昭和43）年10月に新設された「日本海」では糸魚川以北がすべてＤＤ51形の担当となった。さらに山岳部を走る秋田〜青森間では重連にて運用されている。また、１９７２（昭和47）年３月に新設された「出雲《いずも》」は当初、新鋭のＤＤ54形が担当したが、使い勝手の問題もあり、３年後からＤＤ51形に置き換えられている。

「ブルートレイン・ブーム」となった１９７８（昭和53）年で見てみると、ＤＤ51形は「紀伊」の名古屋〜紀伊勝浦間（当時はＤＦ50形と共通運用）、「出雲」の京都〜出雲市・

浜田間、「みずほ」の鳥栖《とす》～長崎間、「あかつき」の鳥栖～長崎間および門司《もじ》～佐世保《させぼ》間（筑豊本線経由）といったところで、いささか地味な存在になっていた。

国鉄最晩年となると、ブルートレインの整理が進んだこともあり、ブルートレインでは「出雲」が唯一の出番となった。

しかし、1988（昭和63）年3月には青函トンネルが開通、本州から北海道へ直通するブルートレイン「北斗星」などが誕生する。行路のうち函館までは電気機関車となったが、道内の函館～札幌間はDD51形が抜擢された。ここでは列車速度を上げるため、DD51形の重連運用となり、北海道の大地に重厚なエンジン音を響かせながら活躍するようになったのである。なお、当初は国鉄時代の朱色4号の装いだったが、ほどなく客車に合わせた青い塗色に変更、シルバーのラインや星マークもあしらわれ独特な魅力を振りまくようになった。これは後に運転を開始する「トワイライトエクスプレス」や「カシオペア」にも採用され、多くの鉄道愛好者を魅了したのだ。

「出雲」の場合、2006（平成18）年で定期ブルートレインとしての運行を終了。その後DD51形＋ブルートレインは北海道だけで見られる姿だったが、これも北海道新幹線開業にともなう体制移行で終焉を迎えた。

ブルートレインを象徴する青い客車たち

ヘッドマークや機関車が人気でも 名前の由来は青い客車

「ブルートレイン」と親しみを込めて呼んでしまうが、改めてどのような列車だったのかと考えると、定義はややあいまいだ。序章でも紹介したが、実は国鉄が自ら使い始めた言葉ではない。鉄道愛好者の間で愛称として使われるようになり、それが一般化してから国鉄も使うようになったのである。

簡単には「国鉄・ＪＲで運転されてきた客車を使用した寝台列車、ないしはその車両」といえるだろう。つまり特定の列車名ではなく、こうした列車グループ、ないしはこうした列車に使用する車両グループの愛称なのである。

国鉄の小倉《こくら》工場長などを務められた久保田博氏によれば、ブルートレインは「固定編成特急寝台列車の愛称で、１９５８年に誕生した20系客車の車体を青い塗装として、その後も踏襲されているためである」（『鉄道用語事典』グランプリ出版）とされている。

この説明から起源は「20系客車」と分かる。

その後、国鉄では20系客車の後継として1971（昭和46）年に「14系客車」、1973（昭和48）年に「24系客車」を開発、さらにその改良版として「14系15形客車」「24系25形客車」も導入してきた。

これらの客車そのもの、そしてその客車によって運行されてきた列車が「ブルートレイン」なのである。ここではブルートレイン客車の歴史を紹介しよう。

ブルートレイン以前の寝台車

ブルートレインと呼ばれた20系客車は、寝台車を中心に組成した夜行列車向け車両の決定版として開発された。

日本ではブルートレイン以前から夜行列車が運行され、寝台車も使用されてきた。

日本で初めて寝台車が登場したのは、1900（明治33）年4月8日のことだった。山陽本線の前身となる路線を運営した山陽鉄道が、大阪〜三田尻《みたじり》（現・防府《ほうふ》）間を走る急行に連結した。この車両は食堂と寝台の合造車となり、寝台側は中央に通路を備え、窓に沿っ

山陽鉄道寝台車。宮内庁書陵部所蔵『山陽鉄道名勝及汽車写真帖』より

て座席を配したロングシート構造だった。寝台は座席シートを下段として、上段を設えた2段構造。定員は16名となっていた。

ちなみに世界で最初の寝台車は、日本が江戸時代の1838年にアメリカで運転されたといわれている。これは座席車を改造したものだったが、その約20年後には、寝台車メーカーであり寝台車運行会社として世界的に知られるプルマンが創業している。

その後、山陽鉄道では「二人床」と称するダブルベッドサイズの寝台も導入するなど先駆的なサービスを展開していたが、1906（明治39）年の「鉄道国有法」によって同年12月に国有化された。その幹線は山陽本線となり、寝台車は国有鉄道（の

東京駅に停車中のスハネ30形客車

ちの日本国有鉄道＝国鉄）に引き継がれた。

このあたりから国有鉄道でも各路線で寝台車を連結するようになる。

時代とともに寝台車の構造的な工夫も進み、１９３１（昭和６）年には3等寝台車（のちのB寝台車に相当）としてスハネ30形が開発され、改良型がスハネ31形として１００両以上量産された。

この寝台車は車体片側に通路を寄せ、線路と垂直方向に寝台を配した「側廊下式」と呼ばれる構造だった。寝台は幅５２０ミリ、長さ１９００ミリのものを上中下３段、向かい合わせに配置していた。下段は座席兼用、上段は固定式だが、中段は下方へ折りたたんで昼間は座席の背もたれとなる仕掛けだった。これが国鉄の標準タイプとなり、ブルートレインの元祖といわれる20系客車にも引き継がれている。なお、すでに戦前からコンパートメント（個室）も登場していた。

夜行列車向けの決定版20系客車

戦後に誕生した新生国鉄では数次にわたる長期計画を実施、さまざまな改善に取り組んでいく。１９５７（昭和32）年度に始まる5カ年計画では、動力近代化により特急の昼行列車は電車とディーゼル気動車、夜行列車は客車で運行する方針を定め、それぞれの専用車両開発を進めた。

こうして夜行特急向けの新型客車として１９５８（昭和33）年に完成したのが、20系客車だ。従来の客車とはまったく異なる構想で開発され、極めて革新的な車両となっている。例えば、それまでの客車は1両ずつ独立したものであり、需要に応じた編成を組むように造られていた。一方、20系客車は他系列客車との併結を考えず、さらに編成単位で運用すべく設計された。

また、編成には大型のディーゼル発電機を搭載した電源車を連結。そこから得られる電気を使って、食堂車の調理などを含めたサービス機器をすべて動かし、客室の冷暖房を完備していた。まだ冷房が一般化する時代ではなく、これは画期的な取り組みだった。

ちなみに電源車を用意したのは、当時の国鉄線の電化状況も勘案したもの。電化区間では架線から給電すればいいが、まだ非電化区間が多かった。自前で完結できるシステムとしたのだ（実際、20系客車でも電化区間の延長に合わせてディーゼル発電機に架線給電方式を併用したカニ22形も製造された）。

細かく見ていくと、車体は張殻《ちょうかく》構造を採り入れた。これにより柱を中心に組み上げる従来構造より軽量化されている。台車も電源荷物車を除いて空気バネを採用、乗り心地向上をはかった。また、各車両の連結面には油圧式のダンパを設置、これにより車体の蛇行も防ぎ、ここでも乗り心地向上を目指している。連結器は列車の車端部を除き、密着式自動連結器とした。緩衝装置の改良と合わせて出発時や加減速時の衝動を抑えている。さらに天井などには吸音板を使い、窓は複層固定ガラスを採用、断熱と遮音効果も高めている。

当初の編成は、2等寝台車（のちのA寝台車に相当）、3等寝台車、食堂車を基本として、一部に座席車も組み込まれていた。しかし、ブルートレインでは運転拡張とともに寝台利用が標準となり、ほどなく座席車は寝台車に改造されている。

２等寝台車は、通路を中央に通し、座席は向かい合わせのボックスシート。寝台利用時は２段寝台となる、いわゆる「プルマン式」を基本としたが、一部の列車には１人用や２人用個室も用意された。ちなみに１人用個室は国鉄初のサービスとなった。

３等寝台車の寝台構造は、スハネ31形で採用された側廊下式を踏襲した３段式。車内により多くの寝台を配置するには効率的な配置だった。なお、寝台の幅もスハネ31形と同じ５２０ミリと変わらなかったが、20系では屋根を車両限界いっぱいに大きくしたため、上下方向ではゆとりが増えている。また、通路部の天井裏は荷物置き場となっていた。

今の鉄道車両からすると驚いてしまうが、20系客車の出入り口扉の開閉は手動だった。当時の客車は手動が当たり前だったのである。ただし、安全のため20系客車では電気で施錠できる装置が取り付けられた。出入口扉は開閉時のスペースを抑えるために折戸式となったが、これも珍しかった。

なお、出入り口扉の開閉は乗客も扱えたが、ブルートレインとしての運転当初は乗務員が多く、彼らが開閉を行なってくれることもあった。出発時の閉鎖確認は乗務員をはじめ、一部の駅では駅員も分担して実施していた。しかし、この確認作業は大変な手間で、晩年には自動開閉に改造されている。

「あけぼの」20系客車外観

「銀河」の20系客車
内部の様子

車体の外観は車内のスペースを広くとるため、屋根が大きく作られているのが特徴だ。高さを必要としない食堂車や座席車も同じ規格で作られている。そのため、のちに座席車を寝台車に改造することもできた。

中間の連結面は切妻貫通形だが、列車の両端部は非貫通で、丸みの強いデザインとなっている。これは他に類を見ないフォルムで、20系客車の姿をより印象付けた。

そしてブルートレインの名前の由来にもなっている塗色も印象的だ。国鉄の関係者たちの間では「インクブルー」とも呼ばれた青15号。ここにクリーム1号のラインを3本あしらっている。単純な青1色だけではなく、微妙に太さを変えたクリーム色のラインが格調を高め、夜行列車らしい優美な姿となっている。

この青15号はのちに10系客車やほかの旧型客車などでも使用されるようになるが、20系客車向けに調色されたといってもいいだろう。なお、20系「あさかぜ」と同時に運転を開始した、上野～青森間の客車特急「はつかり」にも試用され、これがほかの客車に広がるきっかけとなった。

20系客車は「あさかぜ」にて運転を開始したことから「あさかぜ形客車」と呼ばれることもあった。その後「さくら」「はやぶさ」「みずほ」「富士」「はくつる」「あかつき」「ゆうづる」「日本海」など次々と活躍の場を広げていった。

登場時は「動くホテル」ともてはやされ、ハイクラスのサービスを誇ったが、１９７０年代に後継車が次々と開発されると、急行での格下げ使用もされた。寝台特急としては１９８０（昭和55）年まで「あけぼの」で使われていた。１９８６（昭和61）年11月には最後まで残っていた急行「だいせん」「ちくま」での定期運用も終了、20系客車は終焉へと進んでいった。

20系との違いは電源にあり14系客車

20系客車の後継として１９７１（昭和46）年に10両が試作運用され、量産されたのが14系客車だ。20系客車誕生から13年、現在の感覚ならサービスレベルの陳腐化した車両革新というところだが、当時の国鉄の狙いは別にあったようだ。ちなみに20系客車は１９７０（昭和45）年まで製造が続いている。

実はブルートレインが全国各地に増発されるようになり、途中駅で切り離しや連結をする列車も増えてきた。当初は需要の多い区間をフル編成で走らせ、先端区間は需要に合わせて付属編成を切り離して短縮するものが多かったが、やがて付属編成は別の駅に連絡してブルートレインのネットワークを広げるようになっていった。

ここで問題となったのは電源車だった。20系客車は電源車付きの固定編成で運転されるように造られている。編成を分割すると、電源車は片側のみに残り、もう片方の編成には電源車がなくなる。こちらでは冷暖房や照明も使えなくなってしまうのだ。

そのため、分割・併合の際は新たな電源車を用意しておき、電源車がなくなった編成側にはこれを連結して運転するスタイルとなった。この電源車は末端部に簡易的に使うものとされ、旧型客車にディーゼル発電機を搭載した改造車（マヤ20形）でまかなわれた。

20系客車の専用電源車を使う方式は「集中電源方式」と呼ばれたが、１９６９（昭和44）年には数両の客車ごとに電源供給する「分散電源方式」も開発された。これは急行用の12系客車で実用化され、特急用客車にも活用しようと考えられたのだ。

試作されたのは、床下にディーゼル発電機を備えたスハネフ14形と、発電機がないオハネ14形だ。いずれもB寝台車である。スハネフ14形は自車を含めて５両分（食堂車を含む場合は４両まで）を給電できる性能をもつ。

１９７１（昭和46）年10月から、まだ旧型客車による夜行急行として運転されていた

「瀬戸」にスハネフ14形×1両、オハネ14形×3両を組み込み、実証実験を行なった。乗客、運行側ともに好評を得て、14系客車はA寝台車と食堂車を含めて量産に入った。さらに翌年からは座席車も14系客車グループとして製造されている。

14系客車は20系客車と同じく車両限界いっぱいの屋根の大きなスタイルだったが、分割・併合時の利便性を考慮して、全車両とも貫通扉付きとされた。

スハネフ14形

列車車端部となるスハネフ14形は20系客車のような丸みの強いデザインではなく、妻面は中間にある貫通扉の両脇を斜めに下げた折妻フォルムとなった。折妻となっているのは、切り離しや連結の時、車両間の作業スペースを確保する狙いだ。なお、20系客車では大きく表示されたトレインマークは、貫通扉内に収まる小型のものとなった。

車体の色はベースが20系客車の青15号からやや明るい青20号、車体帯は窓下と裾のクリーム10号2本となり、イメージが刷新された。

この青20号とは東海道・山陽新幹線0系などの窓まわりにあしらわれた塗色で、国鉄の関係者たちの間では「新幹線ブルー」とも呼ばれていた。ちなみに青15号は「あさかぜブルー」。また、クリーム10号はほとんど白に近く、「新幹線アイボリーホワイト」である。つまり、あしらいはまったく異なるが、0系新幹線と同じ塗色が使われているのだ。

これは先述の12系客車で始まったデザインだったが、屋根の大きな14系客車にもよく似合い、新たなブルートレインのイメージを作り上げた。国鉄からも「ニュー・ブルートレイン」とPRされるようになり、この時代は「ブルートレイン」という呼び名が国鉄部内でも定着していたことを証明してくれる。

14系客車のB寝台車は20系客車と同じく側廊下式が踏襲されたが、特筆すべきは寝台が幅700ミリ、長さ1950ミリと拡大されたことにある。実は1967（昭和42）年にデビューした寝台電車（581系、1年後に583系も登場）のB寝台は上・中段が幅700ミリ、下段が幅1000ミリとされて高い評価を受けており、新型車に20系客車の520ミリを踏襲するわけにはいかなかった。

14系客車の自動寝台装置

また、中段寝台の収納操作は動力化され、スイッチ一つで上下動するようになった。これも寝台設置や解体を担当する作業員には喜ばれた。

さらに上中段への移動に使う梯子は、20系客車の場合、取り外し式だったが、14系客車では窓側に固定された柱から左右に引き出して使う構造になっていた。日中でも上段にあがることができ、通路部天井裏の荷物置き場の扱いが楽になった。20系客車以来、この荷物置き場はスペースが広く、大きな荷物を置くのにも重宝したが、反面出し入れが大変だったのである。

なお、A寝台車は20系客車でも基本とされたプルマン式だけが製造され、個室は製造されなかった。

14系客車にはネガティブな思い出がある。床下にディーゼル発電機のあるスハネフ14形に乗車した時だ。床材の防音対策がしっかりしていたので、走行中はほとんど気にならなかったが、駅に停車中も鳴り続くエンジン音が気になった。特に深夜の駅に停車した時など、この音で目が覚めたこともある。逆にいえば20系客車やエンジンなしの14系客車がいかに静かだったかを物語る思い出でもある。

この14系客車は１９７２（昭和47）年３月改正の「さくら」「みずほ」「あさかぜ」（下り２号・上り３号）あたりから導入された。14系客車が試用された「瀬戸」はこのダイヤ改正から特急に格上げ、ブルートレインの仲間入りを果たしたが、車両は20系客車だった。コアな利用者はサービスダウンにびっくりしたかもしれない。

その後、「あかつき」「紀伊」「いなば」「北陸」などにも使われるようになったが、次に紹介する24系客車の登場、さらにはＢ寝台を２段化した14系15形客車へのサービスアップなどもあり、全ブルートレインを席巻することはなかった。ただし、ほかの客車と連結しやすいつくりから、国鉄晩年から夜行急行での運用も増えていった。

また、車体構造が24系と近似するため、14系から24系へ、あるいは24系から14系への改造も行なわれている。さらにＪＲ北海道では気動車に組み込んで使用する例もあった。

ブルートレインとしての活用はスハネフ14形が最後で、スハネフ15形と共用の形で「はやぶさ」「富士」編成に充当され、運用としては2009（平成21）年3月改正まで使われている。

事故の教訓から生まれた24系客車

14系客車の量産が進められていた時、1972（昭和47）年11月6日、北陸本線を走行中だった急行「きたぐに」で火災が発生する。列車はトンネル内に立ち往生、死者30名、負傷者714名という国鉄史上に残る大惨事となってしまった。

当初、出火の原因は食堂車厨房の石炭レンジと疑われ、食堂車の廃止が進んだが、それとともに寝台車の床下にディーゼル発電機を設置することも問題視された。14系客車の製造は中断され、「分散電源方式」より20系客車のような「集中電源方式」の方が安全という判断が出される。

こうして14系客車の構造をほぼ踏襲して、電源車を新規開発した24系客車が1973（昭和48）年に誕生した。なお、14系客車はディーゼル発電機への防火対策などを強化して継続使用となり、さらなる増備も進められた。

24系客車はA寝台車（プルマン式）、B寝台車（側廊下式）、食堂車、電源車が製造されたが、この時代は寝台の居住性を改善する動きもあり、B寝台を3段から2段化することになった。これは24系25形と区分され、3段式のいわゆる24系24形客車の製造は1年だけ、両数にして118両に留まっている。

国鉄晩年には全車両が2段化改造されている。また、改造により14系とされた車両もある。多くは24系24形客車単独で編成が組まれたが、両数が少ないことも あり使用列車は「日本海」「ゆうづる」「あけぼの」「出羽」「鳥海」あたりに留まっている。

ブルートレインとしての最後は24系25形客車と混成で「あけぼの」に使われていたが、2014（平成26）年3月のダイヤ改正で定期運行が終了となっている。

平成まで使われていた14系と24系の2段寝台車

先述のようにB寝台を3段から2段に変更したのが24系25形客車と14系15形客車だ。外観的な違いは白い帯がステンレス帯となったことだ。ただし、白帯とされた車両もある。

「あけぼの」の24系25型客車オハネフ24。車体のラインはステンレス帯

また、量産途中で2段寝台の上段を固定式（14系15形客車は当初から固定式）と変更しており、これは寝台側窓の天地寸法がやや小さくなっている。

まず、24系25形客車が1974（昭和49）年4月に「あかつき」「彗星」でデビュー、20系客車を置き換えるかたちで運用範囲を広げていった。当初はB寝台車を中心にA寝台車、食堂車、電源車がラインナップされた。国鉄晩年にかけて500両近く量産され、「ブルートレイン・ブーム」の時代、その主力車両となった車両である。また、国鉄晩年から個室化など改造も行なわれており、そのバリエーションは極めて多い。

こうした改造車ではステンレス帯から金帯とされた車両もある。さらには「北斗星」用では金帯だけでなく、エンブレムも掲げられた。また、「トワイライトエクスプレス」のように車体色を青から緑に変えたものもあり、もはや「青い列車」に語源を持つブルートレインとは言い難いものも出てきた。これらの列車では電車（サシ481形およびサシ489形）改造の食堂車も起用されているが、国鉄時代から続くブルートレインの伝統を引き継ぐ列車であり、本書でもブルートレインとして扱っておきたい。

一方、14系15形客車は1978（昭和53）年から製造が始まった。こちらはB寝台車だけで、A寝台車や食堂車は用意されなかった。

こうして24系25形客車と14系15形客車も導入され、ブルートレインは新旧ばかりでなく多彩な陣容となっていった。「ブルートレイン・ブーム」が活況を見せるようになったのもこの時期に重なる。変化の続くブルートレインの姿は鉄道愛好者たちの興味を引き付け、よりコアな楽しみへと誘っていったのだ。

なお、24系25形客車が起用されたブルートレインは「あさかぜ」「はやぶさ」「富士」「なは」「瀬戸」「出雲」「日本海」「つるぎ」「はくつる」「ゆうづる」「あけぼの」「北斗星」「エルム」「トワイライトエクスプレス」あたりが挙げられる。このうち、最晩年まで運行されたのは「北斗星」と「トワイライトエクスプレス」だ。ともに2015（平成27）年3月に定期的な運行を終えている。

また、14系15形客車は「あかつき」「明星」で使われたほか、14系14形と混成で「さくら」「みずほ」でも使用されている。最晩年は「はやぶさ」「富士」の主力車両となり、2009(平成21)年3月改正まで使われた。

時刻表で見るブルートレイン

各社から出されていた
国鉄の時刻表

情報提供スタイルの変化で、残念ながら巷では「時刻表」はネットで検索するご時世となってしまったが、鉄道愛好者にとってはかけがえのない資料であり、楽しみであり、啓蒙書だ。これはブルートレインとの関わりを探っていくときも大きな存在となる。

ブルートレインが元気に活躍していた時代、時刻表はさまざまな出版社から発行され、そしてその判型も各種あった。机上での使用を前提としたＢ５判があれば、見やすくするためにさらに大判のもの、または旅先に携行しやすく配慮された小型のものなど多彩だった。

国鉄のみどりの窓口に常設してあったのはＢ５判の時刻表で、背表紙には「日本国有鉄道」と記されていた。書名はズバリ『時刻表』である。

実のところ、これは日本交通公社が発行する『国鉄監修　交通公社の時刻表』と基本的に同じもので、掲載された広告などが違っているぐらいだった。ちなみに国鉄の『時刻表』

で国鉄のＰＲや企画記事に使われていたスペースは、『国鉄監修　交通公社の時刻表』では一般企業の広告となっていた。

青函トンネル開通で変わった表記に感激

内容構成は、各社の時刻表ごとに工夫が凝らされ、また時期によっても変わってくるが、「ブルートレイン・ブーム」となっていた国鉄晩年の『時刻表』では、巻頭ニュースに続いて、新幹線、連絡早見表、エル特急、寝台特急と続き、その後に東海道本線から始まる各路線の時刻表が続いていた。

ブルートレイン好きが一番に目を通すのは巻頭の「寝台特急」だった。見やすくするため、寝台特急のみ抜粋されて掲載されていたが、停車駅はすべて織り込まれ、このページだけでその月のブルートレインの概要が分かるしくみとなっていた。

「ブルートレイン・ブーム」の時代、掲載順はおおむね東京方面⇕山陽・九州方面、東京方面⇕南紀方面、東京方面⇕山陰方面、大阪方面⇕九州方面、東京方面⇕北陸方面、大阪方面⇕新潟・青森方面、東京方面⇕秋田・青森方面、東京方面⇕盛岡・青森方面となっていた。

まだ、青函トンネルは開通前。北海道に向かうブルートレインはなかった。国鉄からJRに体制が変わってから1年後の１９８８（昭和63）年3月号では「東京方面⇕盛岡・青森・函館・札幌方面」と変わり、青函トンネル開通によって北海道まで直通列車が走ることを実感したものだ。ちなみにこれは国鉄の『時刻表』スタイルを踏襲した『交通公社の時刻表』の表記で、新たに誕生した『JR編集時刻表』（現・JR時刻表）では「上野―秋田・仙台―盛岡―青森―函館―札幌」と駅名で示していた。

ブルートレインファンの時刻表の楽しみ方

巻頭の「寝台特急」でチェックするのは、まず各列車の動向だった。

残念ながら「ブルートレイン・ブーム」の時代、大半のブルートレインの利用は減少気味で列車の整理も進められた。同一名称で複数運転されていた列車は減便となり、１９７８（昭和53）年10月改正では新大阪〜下関間の「安芸《あき》」が廃止されてしまった。この改正では東京〜米子間の「いなば」もなくなったが、これは「出雲」に統合するかたちで、愛称は消えてしまったが、列車そのものは継続運行となった。

また、東北・上越新幹線が本開業となった１９８２（昭和57）年11月改正では上野～盛岡間の「北星《ほくせい》」が消え、代わりに上野～秋田間の「出羽」が誕生している。

さらに１９８４（昭和59）年２月からは５８３系電車で運行されていた新大阪～西鹿児島間の「なは」が24系25形客車化され、ブルートレインの仲間となった。こんな列車の盛衰をチェックし、落胆したり、安堵したり、そして喜んだりしたものだ。

さらに、気になる列車の場合、巻頭の「寝台特急」でチェックするだけでなく、路線ごとのページでも時刻をたどった。

国鉄の『時刻表』では、特急や急行の時刻を太字で表示することで普通列車と視覚的に見分けられるように工夫されていたが、１９７０年代前半からは特急の脇の罫線を太くすることでさらに分かりやすい表記としていた。これは『国鉄監修　交通公社の時刻表』も同じだった。

ブルートレインの場合、特に夜間帯の停車駅は少なく、駅を通過する「レ」記号がずらりと並んでいた。これも時期によって変わるが、手元の１９８３（昭和58）年11月号で見てみると下り列車の場合、「富士」は名古屋駅を出発すると福山駅まで「レ」記号が続く。

1時間ほど後には「あさかぜ1号」「あさかぜ3号」が続行しているが、こちらは名古屋駅を出発するとともに岡山駅まで「レ」記号が続いているのだ。深夜の鉄路をブルートレインが疾走している姿が思い浮かんでくる。

時刻表ではわからない運転停車の存在

この「富士」の場合、名古屋出発は22時54分。そして福山は4時28分着だ。5時間34分無停車で走っている計算だ。しかし、安全という重責を担う運転士がこんな長時間にわたって運転を行なうことは不可能だ。実はおおむね2時間程度の乗務で交代するルールがあり、これで健全な運行ができるように配慮されているのだ。

実際、この下り「富士」に乗ってみると、名古屋駅から3時間ほどの大阪駅で停車した。ここで運転士が交代するのだ。その後、岡山駅でも停車している。ここでも運転士が交代していた。また、「富士」に連結された電源車には荷物室も併設されており、その荷物扱いがあるのだ。ブルートレインの場合、業務用の荷物のほか、新聞輸送などにも活用されていた。いずれの停車中も一般客用の乗降扉は閉まったままで、部内では「運転停車」

と呼ばれる取り扱いだ。
「富士」の運転停車は、時刻表からでは判断できず、実際に乗ってみて初めて分かる。しかし、時刻表から想像できる運転停車もある。例えば「富士」と「あさかぜ1号」の間に運転されている「出雲1号」だ。

この列車は名古屋駅を23時14分に発車した後、深夜2時52分の福知山駅到着まで「レ」記号が続いている。この列車は京都駅で東海道本線から山陰本線へと入っていくのだ。当時の山陰本線は非電化だったため、機関車は京都駅でＥＦ65形ＰＦ形からＤＤ51形へとバトンタッチしていた。そのため、京都駅では必ず運転停車するのである。

時刻表に運転停車の発着時刻は記載されていないが、前後の列車から所要時間を計算、発着時刻を推測するのは楽しみだった。そして実際に乗ってみてその想像が当たっていたりすると、これはかけがえのない喜びとなった。すべては自己満足に過ぎない遊びであるが、これもまた時刻表の楽しみだった。

多彩な車両が並んだ
ブルートレインの編成表

時刻表ではピンクのページに掲載されていた「列車の編成ご案内」も楽しかった。各列車の編成内容が記号を使いながらコンパクトに紹介されている。これは今の時刻表でも掲載されているが、やはりブルートレインの編成は内容がバラエティーに富んでおり興味は尽きなかった。

ブルートレイン誕生時は「ネA」「ネB」「ハネ」と時刻表には寝台車が表記されていたが、ほどなく「寝A」「寝B」「寝2」と変わる。さらに1974（昭和49）年には、座席では普通車に相当するB寝台車の設備が3段式に加えて2段式のものも登場、車両出入口付近の標記も★を使って違いを表すようになった。時刻表もこれを追従、「★」（3段式寝台客車）、「★★」（3段式寝台電車）、「★★★」（2段式寝台客車）となり、編成表を見る楽しみが増えた。

この★表記は1984（昭和59）年に登場した4人用個室「カルテット」で「★★★★」と表記されたが、このあたりからいろいろなタイプの個室が登場していく。国鉄晩年には時刻表での★表記をやめ、数字を組み合わせた表記となる。個室のバリエーションが広まった「北斗星」誕生時の１９８８（昭和63）年の『交通公社の時刻表』では、一列車でこれだけ表記を分けていた。

「Ａ」（Ａ寝台）
「Ａ１」（Ａ寝台１人用個室「シングルデラックス」）
「Ａ２」（Ａ寝台２人用個室「ツインデラックス」）
「Ａロ」（Ａ寝台１人用個室「ロイヤル」）
「Ｂ」（２段式Ｂ寝台客車）
「Ｂ客３」（３段式Ｂ寝台客車）
「Ｂ電３」（３段式Ｂ寝台電車）
「Ｂ１」（Ｂ寝台１人用個室「ソロ」）
「Ｂ２」（Ｂ寝台２人用個室「デュエット」）
「Ｂ４」（Ｂ寝台４人用個室「カルテット」）

ちなみに『ＪＲ編集時刻表』では列車名の後ろに「客車」「電車」「２段」「３段」の表記を加え、「Ｂ客３」「Ｂ電３」は使わずにすべて「Ｂ」としていた。

この後も「トワイライトエクスプレス」、はたまたブルートレインとは言い難いが「カ

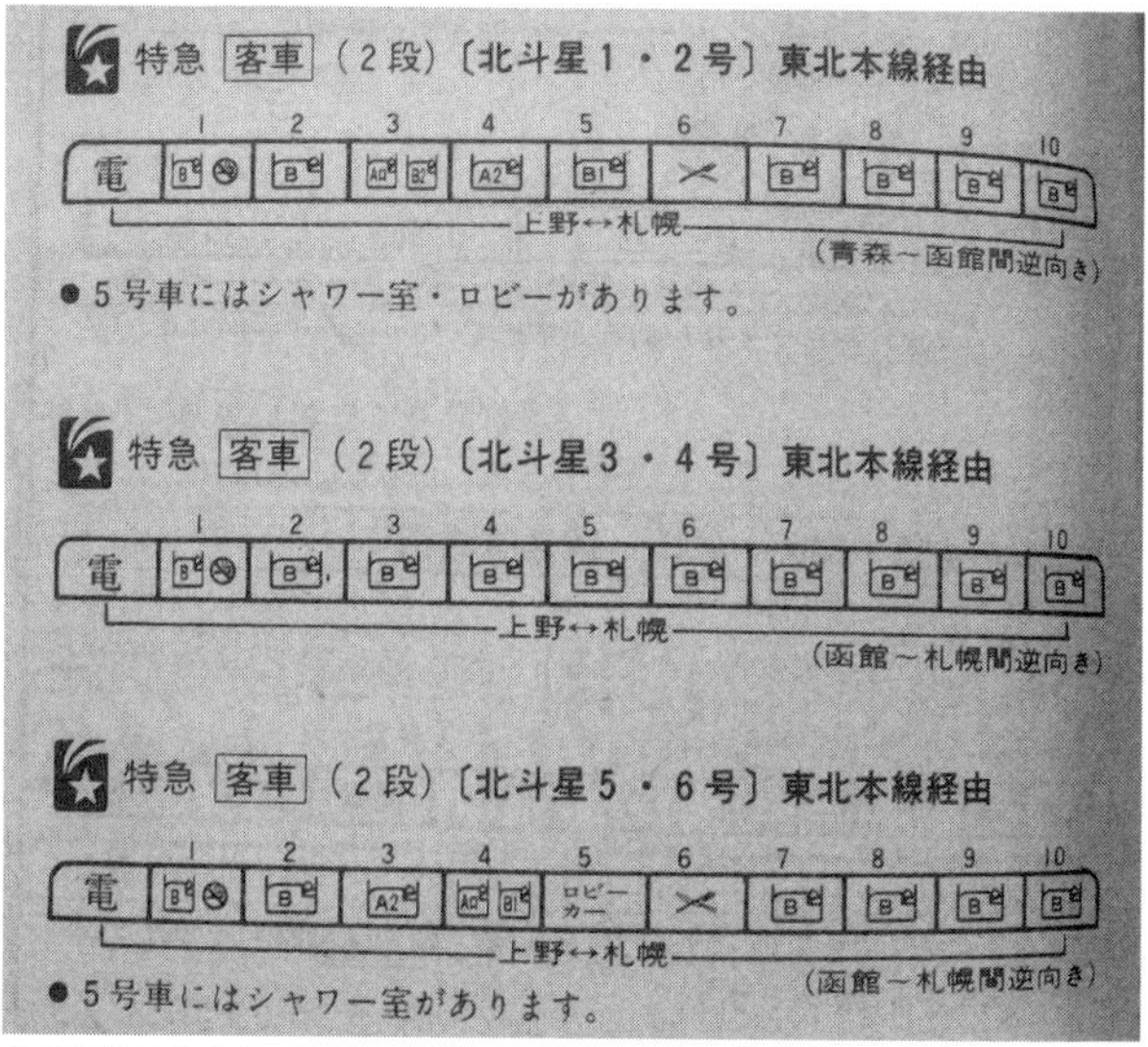

『JR編集時刻表』1988年3月号より「北斗星」の編成表

シオペア」や「サンライズ」の誕生でこの表記のバリエーションはさらに増えていった。

　また、先述の「富士」で荷物扱いをしていることは、この編成表からも読み取れた。

　電源車が「電」と表示されていれば純粋に電源車、「ニ」となっていたら荷物扱いのある電源車と分かった。もっとも「ブルートレイン・ブーム」の時代、荷物車を連結する急行も多く、「ニ」がすべて電源車というわけではなかった。

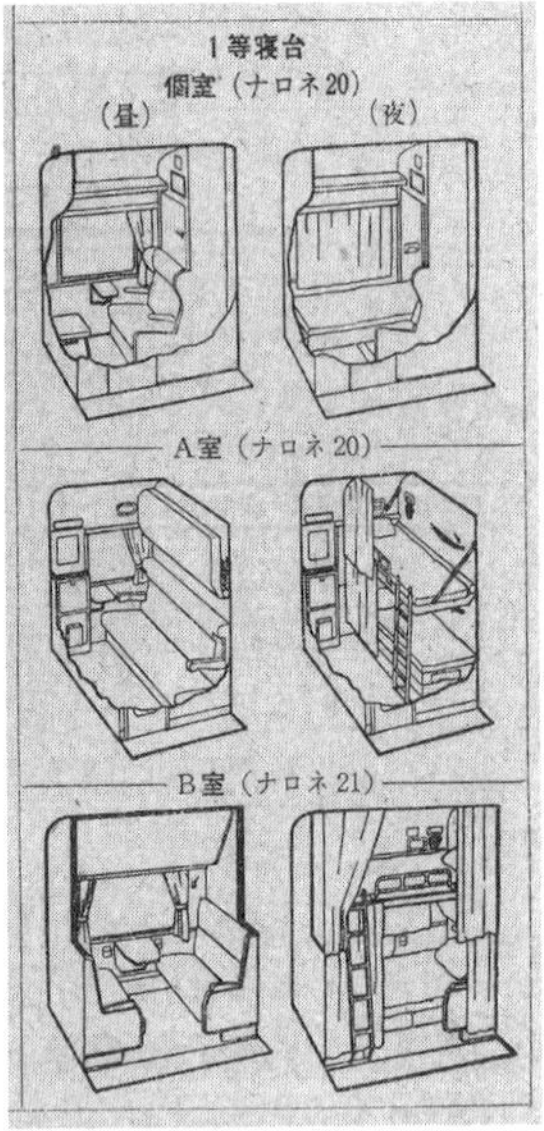

寝台特急客車の車内配置図に添えられたイラスト。『交通公社の時刻表』1968年10月号より ©JTBパブリッシング

夢広がったイラスト

車内配置図

毎号の時刻表に必ず記載されているわけではないが、車内の配置図も興味深かった。

特に「あさかぜ」「さくら」などに連結されていたナロネ20形、ナロネ21形、ナロネ22形はさまざまな個室が組み合わされたレイアウトで、それを見ているだけで夢が広がった。「よん・さん・とお」として知られるダイヤ改正を紹介した1968（昭和43）年10月号には、この車内配置図に合わせて寝台設備をパース表現したイラストも掲載され、このページは繰り返して眺

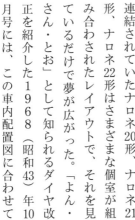

めたものである。

この時代、国鉄の等級制度は1等・2等となり、現在に続くグリーン車・普通車という区分けにはなっていない。

1等寝台はA室、B室と料金上は二つに分かれていた。「室」とあるのですべて個室用にも思えるが、構造上も個室になっていたのはA室だ。B室は中央通路の両側にボックス席を配置したプルマン式寝台で、寝台使用時の間仕切りはカーテン。いわゆる開放式寝台である。

この時刻表では1人用個室、2人用A室、開放式のB室について、座席となった昼間と寝台をセットした夜間の姿がイラストで示され、その構造を仮想体験できたのだ。

また、この時の2等寝台はすべて3段式で、客車は上段、中段、下段、電車は上・中段、下段で料金がそれぞれ設定されていた。当時の客車は側廊下式、電車は中央廊下式の配置で、寝台使用時の間仕切りはカーテン、つまり開放式寝台だった。

ブルートレインの食堂車

「あさかぜ」の食堂車はオール電化キッチン

ブルートレインのサービスの一つとして「食堂車」も忘れられない。

必ずしもすべての列車に連結されていたわけではないが、長距離列車の利用者にとってはありがたいサービスであり、ブルートレインのステータスでもあった。

ブルートレイン第一号の「あさかぜ」にはもちろん食堂車が連結されていた。

この時代、特急・急行に食堂車を連結するのは当たり前だった。国鉄の特急ネットワークが拡張された１９６１（昭和36）年10月のダイヤ改正時、特急・急行を合わせて日本食堂41往復、帝国ホテル４往復、都ホテル４往復、新大阪ホテル２往復の合計51往復で食堂車が連結されていた。

数多く運転されていた客車急行の場合、食堂車は１９５６（昭和31）年に開発されたオシ17形がメインとなっていた。通路の両側に４人用テーブルを置くスタイルで、調理室の

「さくら」のナシ20形食堂車

レンジは石炭式だった。
一方、「あさかぜ」に連結された食堂車はナシ20形。日本の食堂車史上ではエポックメーキングとなる車両である。
複層固定ガラスを使用した冷暖房完備、そして空気バネ付きの台車などは20系客車に共通する特徴だが、ナシ20形では調理室の電化に注目したい。実は昭和20年代に開発されたマシ36形（のちカシ36形）も電熱式のレンジを使用していたが、電源不足で使い勝手が悪く、ほどなく一般的な石炭レンジに改造されてしまっていた。しかし、20系客車は電源車を連結しているため、電力不足の問題は解決、完全な電化が実現したのだ。
このナシ20形は日本車輌および日立によって製造されたが、内装については車両メーカーに一任され、それぞれ特徴あるインテリアとなった。どちらかといえば、前者はシャープな感じ、後者はソフトな感じで、どちらの食堂車に出会えるかという楽しみもあった。

20系客車で運転開始直後の「あさかぜ」食堂車では、夕食ではビーフステーキ定食480円、朝食では和定食150円あたりが人気だったという。ちなみに世は高度経済成長期。「岩戸景気」が始まり、大卒の初任給は1万円程度という時代だった。

瀬戸内海を見ながら朝食を「さくら」の記憶

筆者のブルートレイン食堂初体験は「さくら」だった。1963（昭和38）年の夏休み、父方の実家でお盆を過ごすため、東京〜長崎間を往復で利用した。これがブルートレインへの初乗車でもあった。

夕食は自分のベッドに腰かけて弁当ですませたが、翌朝の朝食は家族で食堂車に出向いた。たぶん営業開始早々に席に着いたのだろう。車窓に広がる瀬戸内海の輝きが今も思い浮かぶ。戸田《へた》〜富海《とのみ》あたりだろうか。

肝心の料理は何を食べたか記憶にないが、目玉焼きがあったような気がする。たぶん洋定食だったに違いない。時刻表で確認すると２００円とある。

当時の「さくら」は11時から昼食の営業も行なっていた。長旅の気晴らしとして父が奮発してくれたのだろう。ここでも食堂車を利用している。残念ながら食事の記憶はなく、ここでは車窓の右手に見えた海の情景が心に残っている。長与経由の長崎本線旧線を走っていたのだ。当時、昼食の営業時間は13時までとなっていたが、「さくら」は12時25分に終着の長崎に到着する。右手に海が見えたあたりで、営業終了となったはずだ。

１９７０年代から縮小傾向だった食堂車

昭和30年代から昭和40年代、ブルートレインは次々増発されていく。いずれも最初は食堂車付きで運転を開始していたが、１９７５（昭和50）年３月改正に登場した新大阪〜下関間の「安芸」は最初から食堂車なしとなっていた。運転区間が短く、食堂車の需要は低いと読んだのだろうが、食堂車営業縮小に向かう時代でもあった。

１９７２（昭和47）年11月６日、北陸本線を走行中だった急行「きたぐに」で火災が発生。国鉄史上に残る大惨事となった。出火の原因は食堂車の厨房で使われていた石炭レンジと疑われ、とりあえず石炭レンジを使う食堂車は全廃となった。そして事故から4年後、在来線急行の食堂車・ビュフェは全廃となった。

特急用の食堂車ではブルートレイン以外でも電気レンジが使われていたが、1984(昭和59)年12月には電車特急の食堂車が全廃、1986(昭和61)年11月には北海道に残っていた気動車特急の食堂車も全廃となる。こうして食堂車・ビュフェは新幹線とブルートレインだけとなってしまったが、こうした流れの中で食堂車なしのブルートレインも現れたのだ。

民営化直前に登場したユニークなアイデア

民営化の直前、国鉄では低迷するブルートレインの体質改善として「あさかぜ」をモデル列車として内装などのリニューアルをはかった。青函トンネル開業と同時に運転を開始した「北斗星」のパイロットモデルという意味合いもあったと思われる。

当時、東京～博多間で運転されていた「あさかぜ1・4号」の食堂車(オシ24形)は、1986(昭和61)年暮れからブルーを基調に都会的なイメージでまとめられた通称「星空」に生まれ変わった。食堂の車端部は、窓側にソファーを配したスタイルとなり、壁から天井にかけて銀河も描かれ「スターダストラウンジ」と呼ばれた。

車両形式はオシ24形のままだったが、700番台に改められている。

さらに民営化直後の1987（昭和62）年4月には、通称「オリエント急行」と呼ばれたレトロ調の食堂車も登場した。壁面は木目調、じゅうたんやソファーは渋めの赤、そして金色に光る荷物棚や花型ランプがゴージャスな雰囲気を演出した。こちらもオシ24形700番台となり、同じく「あさかぜ1・4号」に連結された。この「オリエント急行」の登場により、「星空」は「出雲1・4号」にも連結されるようになった。

一方、メニューの方は「玄海御膳」「大山《だいせん》おこわ御膳」（ともに1500円）といった郷土色の豊かなものが揃えられたが、従来の路線を脱却しきれなかった感じだ。

面白いところでは、1989（平成元）年春から「はやぶさ」「みずほ」「富士」「出雲」などで朝食にバイキング（1200円）を取り入れたことだろう。

施行早々「はやぶさ」で体験したが、和洋食とも用意され、料理のバリエーションも満足いくものだった。しかし、これとてもたいした呼び水にはならなかったようで、結局、「みずほ」「出雲」は1991（平成3）年5月いっぱいで、また「あさかぜ」「さくら」「はやぶさ」「富士」は1993（平成5）年3月17日限りで食堂車の営業を終えてしまった。

この時点で日本に残った食堂車は、新幹線と「北斗星」など北海道行きの寝台特急だけだった。なお、食堂車の車両は、しばらくそのまま連結され、車内販売基地やフリースペースとして活用された。

実は急造チームだった「北斗星」食堂車

1988（昭和63）年3月、青函トンネルの開通と同時に首都圏と北海道を結ぶブルートレイン「北斗星」が新設された。ハード、ソフトともにデラックス指向のサービスが盛り込まれ、豪華寝台特急としてマスコミにも広く取り上げられることになった。

「北斗星」の運転に際して必須条件の一つとなったのが食堂車の連結だった。ちなみにこの時点で食堂車を連結していたのは、東京発着の寝台特急「さくら」「はやぶさ」「みずほ」「富士」「出雲1・4号」「あさかぜ1・4号」、そして東海道・山陽新幹線「ひかり」のみ。このほか「ひかり」および東北・上越新幹線の一部列車ではビュフェも営業されていたが、最盛期からすると激減してしまっていた。

新設する「北斗星」で食堂車営業が正式に決まったのは、ＪＲ発足間もない１９８７（昭和62）年６月のことだった。当初、この営業はＪＲ直営でという声もあったが、最終的には列車食堂の経験豊かな日本食堂が担当することになった。また、車両は電車特急の食堂車サシ４８１形を改造したスシ24形が使われることになった。電車から客車へと異種間改造となったが、当時車両を新製するほどの余力はなかったのである。

11月６日には新列車の愛称が「北斗星」と発表され、食堂車のプランニングも大詰めに入った。その結果、フルコースのフランス料理を中心に３０００〜７０００円のコースを用意する予約制と決まった。また、食堂車の愛称も「グランシャリオ」と命名される。

骨子が決まったところで、日本食堂もスタッフの訓練やメニューの作成など具体的に動き始めた。しかし、先述のように東日本エリアで食堂車の営業はすでになく、ファストフード中心のビュフェのみとなっていた。結局、東北新幹線開業前、在来線特急「ひばり」「はつかり」などの食堂車に乗務していたベテランスタッフが招集され、ここにビュフェで活躍する若いスタッフとともに乗務チームが結成された。この辞令が出たのは翌年１月13日のこと、運転開始までわずか２カ月しか時間がなかった。

調理係はすぐに本社指導役のもとで研修を開始、食堂長および接客係は仙台のワシント

「北斗星」ディナーの一例。著者撮影

ンホテルに出向、テーブルサービスの実技を徹底的に学んだ。これらの研修中には試運転列車を使った試食会も幾度か開催された。本来は広報目的ではあったが、貴重な意見も数多く寄せられ、ただちに改善されていった。

かくして「北斗星」は1988（昭和63）年3月13日に華々しいスタートを切ったのである。もっとも食堂車のほうは順風とは言い難く、「飢餓海峡を渡る北斗星」という不本意な評判まで立ってしまった。

筆者も運転初日の「北斗星1号」を皮切りに何度も利用させてもらったが、一番の問題は食事時間の設定だった。当初は1コース50分という設定で、バタバタとした食事になった。しかし、それでも時間は押してしまい、初日のパブタイムは中止になってしまった。

その後、７月22日からは１コース90分に改められ、ようやくゆとりある食事のひととき
が楽しめるようになったのだ。

翌年には「トワイライトエクスプレス」、そして平成の時代に移って「カシオペア」も
登場。これらの列車には立派な食堂車が連結され、これが当時の日本で営業された希少な
食堂車となった。

ブルートレインの運行を支える車掌さん

長距離列車の車掌は複雑な乗務スケジュール

ブルートレインは機関車を連結すれば運転できるというわけではない。車内には車掌をはじめ多くの人々が乗務して運行を支えていたのだ。

近年は車掌なしのワンマン運転という列車が特急でも出てきたが、ブルートレインには必ず車掌が乗務していた。

国鉄時代は1列車を3人の車掌で担当するケースが多かったが、やがて多くの列車で2人乗務に改められていく。さらに列車によっては途中で分割併合、あるいは付属編成を切り離して減車といった運転もあり、末端では1人乗務ということもあった。

JR発足間もなく乗車した「あさかぜ」のケースを参考に車掌の仕事を見てみよう。

この時は「あさかぜ」が2往復運転されており、このうちの東京〜博多間で運転される1・4号はJR西日本の下関車掌区の担当だった。車掌には「行路《こうろ》」と呼ばれる乗務列車の担当が定められており、例えば下り「あさかぜ1号」で下関→博多、その日の上り「あさかぜ4号」で博多→東京、東京で1泊したのち下り「あさかぜ1号」で東京→下関と3泊4日にわたる乗務となる。

この時は3人乗務で、3人とも同じ行路だったが、列車によっては途中で一部が入れ替わる設定もあった。より効率的な運行を目指し、行路は複雑に組まれているのだ。

また、常にブルートレインだけに乗務するわけではなく、昼行列車に乗務する行路もある。車掌はこの行路を順に乗務していき、おおむね1カ月ほどで一巡する。こうして平等な勤務体系を築いているのだ。

こうした行路は運転士にも定められていて、1回の乗務は車掌より短く、より複雑な行路だった。

注意事項が多いため延々続いたアナウンス

ブルートレインに乗って最初に車掌の仕事にふれるとしたら車内放送だ。

「本日はご乗車いただき、ありがとうございます。この列車は寝台特急『あさかぜ』号、博多行きです」

ちょっと間延びした懐かしいチャイムが響き、案内放送が始まる。ブルートレインの場合、停車駅、編成、車内の諸注意など、微細な説明が行なわれ、東京を出発してから多摩川あたりまで進んでしまうこともあった。

放送に関わらない車掌はこの間に車内改札を行なう。

乗客のきっぷを確認、チェックリストに記載していく。通常は必要なきっぷを所持しているか、さらに指定された寝台を利用しているかのチェックだけだったが、早朝下車する乗客に声掛けサービスをする姿を見たこともあり、そんな情報もメモしていたことだろう。

また、国鉄晩年に始まった個室寝台ではカギを使うものもあった。その取り扱い説明や配付も車掌の仕事だ。ブルートレインの個室寝台のカギは、列車や車両によって異なり、金属製のシリンダーキー、カードキー、暗証番号方式のテンキーが使われていた。このうち、シリンダーキーは回収も必要で、どの車掌からも翌朝の大変な仕事と聞かされた。情けない話だが、当時は記念品として持ち帰る不届き者もいたのだ。

発車前から始まっている車掌の仕事

実は車掌の業務は、こうした案内放送や車内改札から始まるのではなく、列車の出発する前から始まっている。

東京駅を出発するブルートレインでは、客車の出入り口脇に掲げられた列車名や行き先が正しく表示されているか、列車の前後に掲げられたトレインマークが正しく表示されているかについても、その確認を行なう。機関車に掲げられたヘッドマークは車掌の管轄外ではあるが、最前部ではその確認も行なわれていた。

さらに「あさかぜ1号」の場合、電源車を合わせて15両という長い編成だ。機関車を含めると全長は300メートルを超え、徒歩移動では結構な時間がかかってしまう。

3人の車掌は1号車、8号車、14号車とバラバラの場所から乗り込むが、これはこうした確認作業を分担して効率よく進めるためなのだ。ちなみにそれぞれの3両ともに車掌室が用意されている。

なお、列車が出発してから始める車内改札の作業も、1人は1号車から8号車に向かって、もう1人は14号車から8号車に向かって行なう。やみくもに行ったり来たりすれば余計な時間がかかり、早く休みたい乗客にとってもマイナスになってしまうのだ。

緊張が走る途中停車駅の数分間

途中の停車駅では、ドア扱い、運転士への発車合図、安全確認など運転上の業務もある。「あさかぜ1号」の場合、これは列車の中央部、8号車の車掌室で行なわれていた。

途中の駅に停車後、車掌はドア扱いのスイッチを操作してホームに面した乗降扉を開く。そしてみずからもホームに降り立つ。

翌朝まで途中駅で乗客が下車することは基本的になく、それまでは乗り込んでくる乗客の監視が重要な仕事だ。深夜ともなればホームに滞留する乗客は少なく見通しはいいが、ラッシュ時間帯ではそうもいかない。見送りの人などもあり、立ち位置を変えながら列車の前後に目を配る。

多くは1~2分の停車ですぐに出発時刻がやってくる。車掌室に戻り、時計で出発時刻を確認。窓から身を乗り出し、ホームの前後を指差確認。安全が確認されたところでドア扱いのスイッチを押し、乗降扉を閉鎖。車内外の標識灯でドアの閉鎖を確認する。ここでももちろん再度指差確認が行なわれる。

最後は乗務員無線を使いながら運転士とのやり取り、出発の指示を出す。

「下り9列車運転士、こちら車掌です、どうぞ」

「こちら9列車運転士です、どうぞ」

「9列車発車！」

「9列車発車、了解！」

一連の動きは流れるように進んでいくが、運転担当の車掌にとっていちばん緊張を強いられる時でもある。

なお「あさかぜ1号」の電源車を合わせて15両という編成は、日本の大動脈である東海道・山陽本線でも長い。駅によってはホームが短くて対応できない。ホームから外れる場合、出入り口の乗降扉は開けずに締め切ったままとするのだ。

この特定の車両のドアを締め切る操作は8号車ではできず、該当するそれぞれの車両で行なうことになる。つまり、8号車以外の車掌が該当車両まで出向くのだ。ブルートレインの場合、停車駅はさほど多くないが、こうした作業は終着駅まで続くのだ。

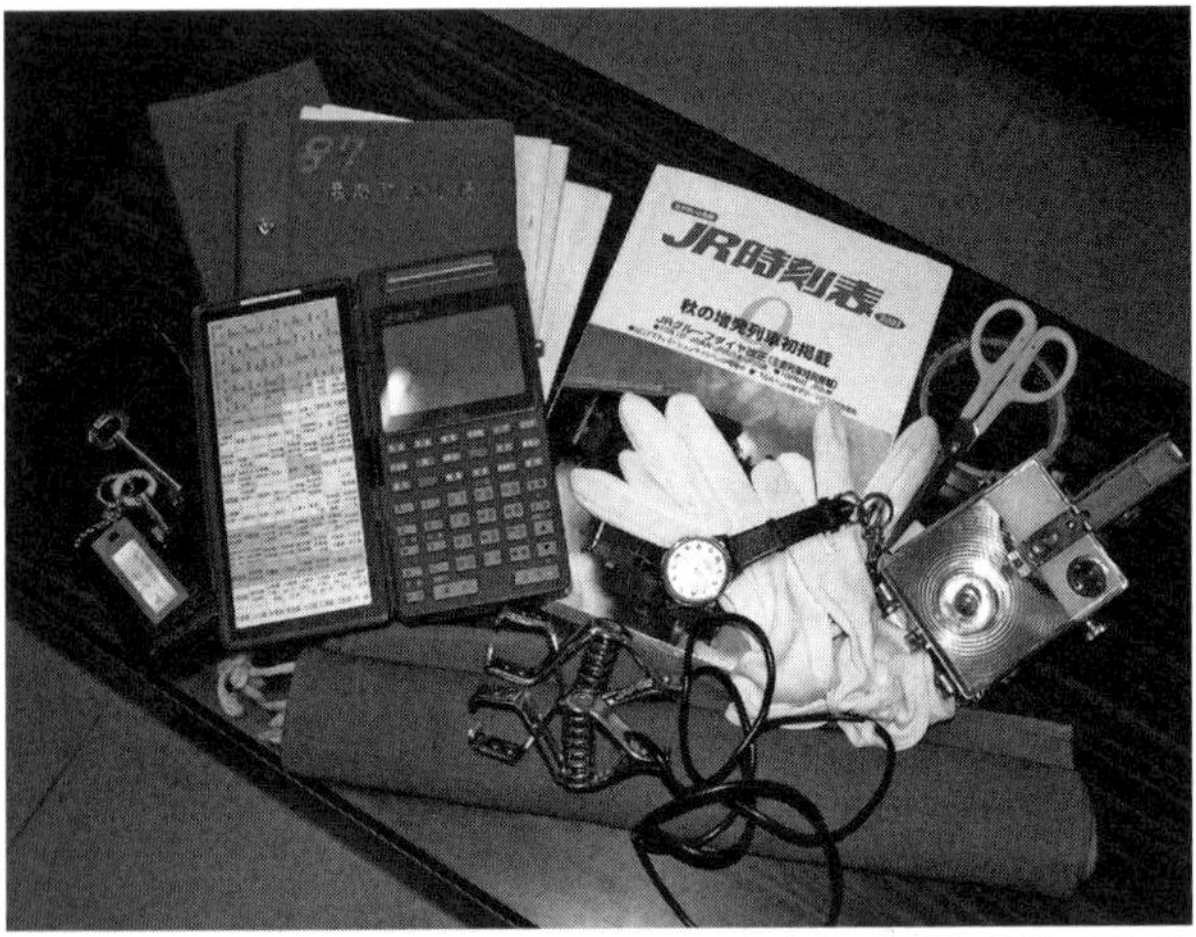

俗にいう「車掌七つ道具」は、手旗、合図灯、客車鍵、軌道短絡線、運転取扱心得、接客サービスマニュアル、車発機（車内補充券発行機）、財布（釣り銭は３千円用意）、セロテープ、はさみなど。鞄の重量は５キロ近い

食堂車でのひとときと眠気との闘い

「すでにお休みのお客様もいらっしゃいます。放送でのご案内はお休みのじゃまになりますので、明朝広島到着前の6時からご案内いたします。では、ごゆっくりお休みください」

列車によって時間は異なるが、おおむね21時、あるいは主要駅を過ぎたところで車内の通路照明を減光する。ここで車掌たちの小休憩がある。

食堂車が連結されている列車では食堂車に出向く。こちらはおおむね22時で営業終了となるが、終業間際にまかないで夕食とするのだ。食堂車のクルーたちは営業終了後にまかないとなり、乗客のいなくなった食堂車で車掌やクルーたちのちょっとした談笑が起こることもある。

その後、食堂車クルーは仮眠に入るが、車掌は徹夜の業務が続く。深夜帯は作業も少なく眠くなる。そんな時はとにかく歩くと聞いた。車内の巡回にもなるし、相方を訪ね、状況報告などをすると眠気も消える。

また、ブルートレインの場合、電源車に併設された荷物室で荷物扱いを行なう列車もあった。この時代の東海道・山陽本線では東京、名古屋、京都、大阪、岡山、広島、小郡《おごおり》（現・新山口）、下関などで荷物扱いがあった。列車によって荷物の内容は異なるが、下り列車では東京や名古屋で新聞の積み込みが多かったが、業務用の荷物もあった。

以前のように荷物室に乗務員がいるのではなく、各駅で待機している作業員が乗り込み、伝票を確認しながら作業していく。

時刻表で通過扱いとなっている駅に停車することもあるが、実はこうした荷物扱いや運転士の交代が行なわれていたのだ。

オリジナルグッズの販売までした車掌さん

国鉄は１９８５（昭和60）年から「オレンジカード」の販売を開始した。これは磁気式プリペイドカードで、自動券売機でのきっぷ購入に使えるものだった。額面は１０００円券・３０００円券・５０００円券などがあった。当初は国鉄本社で発行するものが多かったが、オーダーメイドで一般企業も発行することができた。やがて絵柄が増えていくとコレクションアイテムとして人気が出てくる。

分割・民営化によってメインの発行はＪＲ各社となったが、やがてＪＲの支社単位、さらには駅などでも発行するようになる。オレンジカードの販売が増収策の一つとなり、さまざまな部署で取り組むようになったのだ。

なかには車掌区が発行したものもある。多くは車内限定発売とされ、ブルートレインや昼行特急の車内改札に合わせて営業された。特にブルートレインの場合、乗車時間が長いこともあって格好の増収策となったようだ。熱心な車掌になると、到着駅の案内がてら車内を何往復もしていた。ちなみに車掌区発売のオレンジカードは、その車掌区で担当する列車に合わせた絵柄が多く、乗客にとってもいい想い出のグッズとなったのだ。

なお、オレンジカードは２０１３（平成25）年で発売終了となったが、ＪＲ６社とも２０２１年７月現在、駅にある自動券売機、または乗り越し精算機で利用できる。

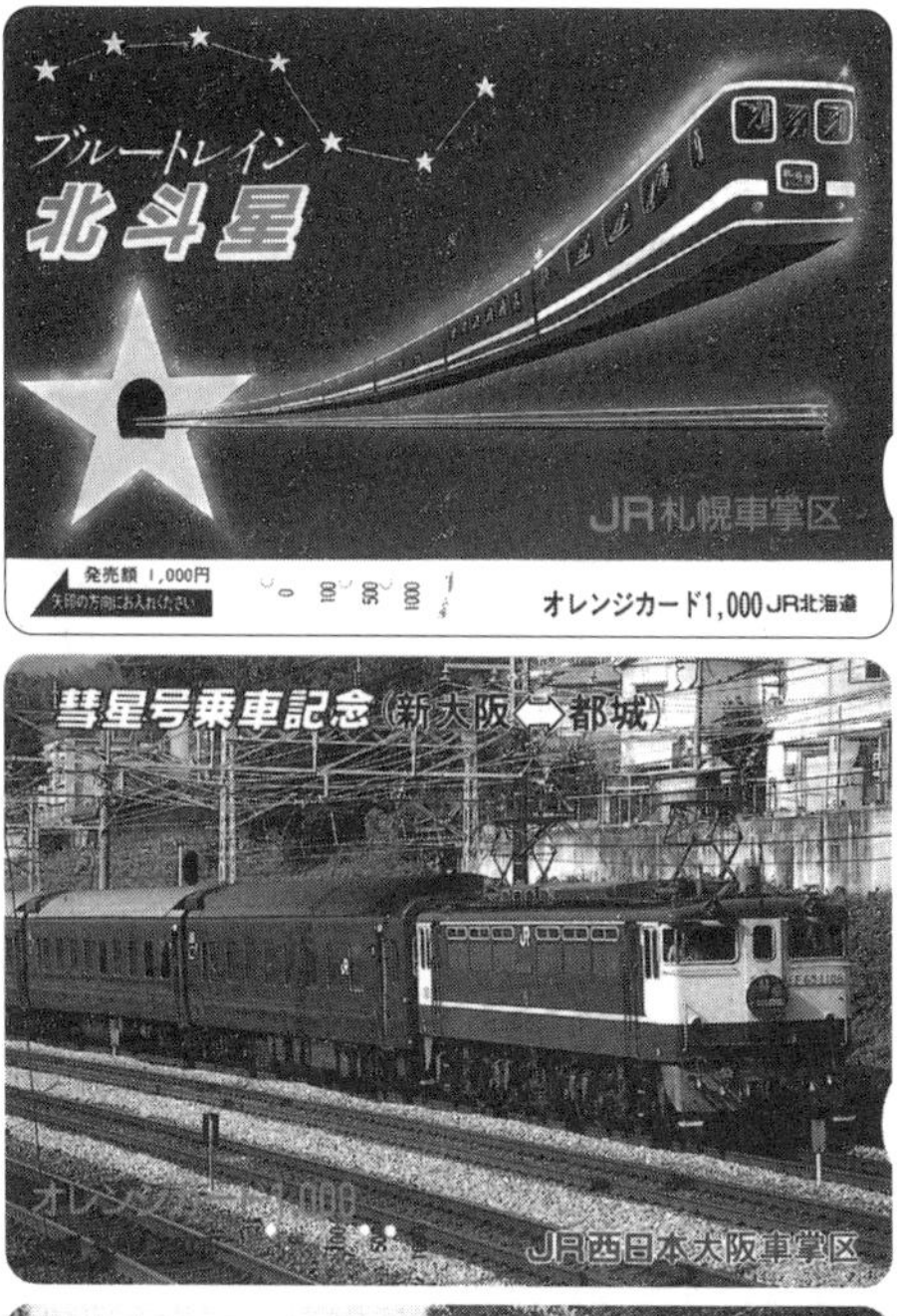

ＪＲになってからも車掌区などで独自のカードを作成、販売していた

上野駅発着を支えた〝ラッパ屋〟

列車を押して入線した上野駅

上野駅の13～17番線は、行き止まり式のいわゆる頭端式《とうたんしき》ホームだ。正面ホールから改札口を見ると、その奥に列車が並び、ヨーロッパの駅のような独特な旅情が漂っている。

しかし、この線路構造はブルートレインのような機関車牽引の列車となるといささか厄介だ。電車や気動車の場合、運転士が乗車位置を変えれば、前後どちらの方向にも運転できるが、機関車牽引の場合は、進行方向側に機関車を付け替えねばならないのだ。

そのため、多くの終着駅、あるいは折り返し駅には「機回し線」と呼ばれる、機関車の連結位置を変えるための通路（線路）が用意されていた。

ところが、上野駅の地上ホームには機回し線がない。たぶん、用地の制約から設置できなかったと想像するが、そのために特殊な運転方法が行なわれている。

機関車牽引列車が上野駅に発着する場合、回送列車は客車を先頭に機関車で押す形で運転される。これを「推進運転」と呼ぶが、日本の鉄道では極めて特殊な運転方法だ。

まず、安全面でいろいろな制限が加わる。例えば『鉄道運転規則』では、列車は「最前部の車両の前頭以外の場所において操縦する場合、除雪列車を除き、25キロメートル毎時を越えない速度で運転しなければならない」と定められている。要するに最高速度は時速25キロというわけだ。

さらに、車両基地のある尾久までの区間には踏切もあり、その安全確保も問題となる。そこで、機関車と反対側の客車に専門の推進運転士を乗務させ、その指示によって機関車に乗った本務運転士が操作することになっていた。この場合、先程の規則も、時速45キロまでと制限がゆるくなる。

この推進運転士は通称〝ラッパ屋〟と呼ばれ、上野駅のブルートレインには欠かせない存在だった。ブルートレイン・ブームの時代、脚光を浴びた鉄道マンの一人でもあった。

車両基地から上野駅に列車を回送する場合、工具箱のようなものを携えたラッパ屋が上野側端の客車に乗り込む。

箱からは2メートルほどの黒いゴムホースが出ており、これを客車にあるコックに接続

現在は見られなくなった“ラッパ屋”

する。箱を開けると中には圧力計、ブレーキ弁、赤い警笛ボタンが並び、蓋の裏側には赤緑の合図旗、信号煙管も収納されている。この箱が推進運転時に使われる特殊な制御装置なのだ。加速の操作、通常の減速操作はできないが、非常時のブレーキはこれで操作できる。

ちなみに警笛ボタンを押すと、箱の中に納められた汽笛が鳴る。「プワーン」と、まさにラッパのような音で、それゆえラッパ屋の通称がついたそうだ。

貫通扉のある客車では、前方確認のために扉は開いた状態で運転される。上野駅までわずか10分間ではあるが、雨や雪ともなれば大変だ。さらに列車から振り落とされないよう床にしゃがみ、片手は常に手すりをつかんだ態勢での乗務となる。なお、貫通扉のない電源車や「カシオペア」客車では室内先端部での前方確認となった。

ラッパ屋の乗車と並行して編成の反対側に電気機関車が連結される。その後、機関車およびラッパ屋がそれぞれブレーキテストを行なえば、出発準備は完了だ。

「推進1列車、出発7番、出発進行。どうぞ」

「推進1列車、出発7番、出発進行。了解しました」

「発車！」

ラッパ屋が前方の出発信号機を確認、列車無線で機関車の運転士に連絡する。その後もラッパ屋がそれぞれの信号を確認していく。機関車の運転士は、その声を列車無線で聞きながら、じっと圧力計を見つめているはずだ。ラッパ屋がブレーキ弁を操作すると、すぐにそれは機関車の圧力計にも現われる。本務運転士はただちに加速を止め、機関車側でもブレーキをかけ、列車停止のための連係プレーが取られる。

あっという間に上野駅が近付き、13番線へとゆっくり進入していく。

「お待たせいたしました、16時50分発の『北斗星1号』札幌行きです。発車までしばらくお待ちください」

ホームにはすでに荷物を抱えた乗客たちが並び、開いた貫通扉から案内放送も流れ込んでくる。その後、ラッパ屋は制御装置を外して貫通扉を閉める。制御装置を携え、上野駅のホームに降り立てば、上野駅への回送作業は終了だ。

第2章

ブルートレインの旅

元祖ブルートレイン「あさかぜ」

「もはや戦後ではない」時代ビジネスマンが利用

ブルートレインと呼ばれる列車のなかで、最初に誕生したのが「あさかぜ」だ。

この「あさかぜ」には、「元祖ブルートレイン」「ブルートレインの創始」といった美辞もあるが、当時の国鉄は「固定編成客車列車」という固いネーミングをしていた。マスコミでは「動くホテル」といった言葉を使い、これが一般にもはやった。

ブルートレインとなる前の「あさかぜ」は、東海道本線の全線電化が完成した１９５６（昭和31）年11月19日のダイヤ改正で誕生した。運転区間は東京～博多間、首都と九州を結ぶ戦後初の夜行特急だ。

東京と九州を直通する特急は１９４２（昭和17）年の関門トンネル開通により始まった。それまで東京～下関間で運転されていた「富士」が、長崎まで足を延ばすようになった。その後、太平洋戦争の激化にともない、１９４４（昭和19）年には廃止されてしまった。

あさかぜ

東京～博多
1958（昭和33）年～2005（平成17）年
※1994（平成6）年～2005年は東京～下関

「あさかぜ」は、この「富士」復活への要望から設定された。

今般、東京～九州間の移動となれば空路が当たり前だが、この時代はごく限られた人が使う乗り物だった。新幹線や高速道路も建設前で、国鉄の長距離列車に頼らざるをえなかった。

「あさかぜ」の場合、東京18時30分発、博多へは翌日の11時55分着。上りは博多16時35分発、東京には翌日の10時ちょうどの到着。

横浜駅に停車中の「あさかぜ」

所要時間は上下列車とも17時間25分だった。当時、この間を結んでいた急行「げんかい」では23時間ほどかかっており、その速達性が大きく評価された。需要は大きくふくらみ、翌年夏には東京〜博多に臨時夜行特急「さちかぜ」を運転、同年10月には東京〜長崎間に延長し定期列車化した。

「あさかぜ」が走り始めた時代、日本は経済的にも大きく躍進していった。1956（昭和31）年度の『経済白書』の序文には「もはや戦後ではない」と記された。政府は同年を初年度とする「経済自立5ヵ年計画」を設定、さらなる経済発展を目指した。「あさかぜ」利用者の多くは、こうした新しい日本を築いていくビジネスマンたちだった。

1958年（昭和33）年10月1日、ブルートレイ

蒸気機関車時代の「あさかぜ」

ンとなった「あさかぜ」は初の20系客車導入というだけでなく、その編成内容も豪華だった。

2等寝台車3両、3等寝台車5両、2等座席車1両、3等座席車2両、食堂車1両、電源荷物車1両。2等寝台はのちにA寝台となるランクだが、ここでは1人用あるいは2人用個室も用意されていた。座席車は相応の需要があったため、ブルートレイン化の際も一応継続させたようだ。

「あさかぜ」のブルートレイン化は見事に成功を収め、続いて「さくら」「はやぶさ」がブルートレイン化され、さらには「みずほ」「富士」「あかつき」「彗星」「はくつる」「ゆうづる」などがブルートレインの仲間に加わった。

こうしてブルートレインの増発が続いたが、「あさかぜ」の人気は衰えず、1968（昭和43）年10月ダイヤ改正でさらに1往復が増発され、3往復体制の運転となっている。このうち下り3号、上り1号は下関発着とされていたが、これが「あさかぜ」の全盛期でもあった。

修学旅行で当たった発電機付きの14系客車

筆者が初めて「あさかぜ」で旅したのは1972（昭和47）年3月14日だった。通っていた高校では、九州一周という当時にしてはなかなか贅沢な行程で修学旅行を実施しており、往路は新幹線で新大阪まで出向いて寝台特急、復路は博多から東京まで直通の寝台特急に乗ることになった。生徒数が多いため全員同じ列車というわけにはいかず、私の場合、往路は電車寝台の「月光2号」、復路は「あさかぜ3号」が指定された。

ちなみにこの年の3月15日には新幹線岡山開業を踏まえたダイヤ改正が行なわれ、「あさかぜ」にも変化があった。このダイヤ改正に向けて、元祖ブルートレインとして活躍してきた20系客車の後継となる14系客車が開発されたのだ。量産先行車は前年から急行「瀬戸」に組み込まれて試用されていたが、寝台特急への起用はこの3月改正からだった。

乗車日はダイヤ改正の前日。てっきり従来通りの20系と思っていたが、ホームに入ってきたのはなんと14系だった。ピカピカの車両を見て小躍りしたのは言うまでもない。ダイヤ改正の数日前から置き換えが始まっていたようだ。

筆者は九州に親族が多かったため、小学生時代から20系ブルートレインに乗る機会があったが、初めての14系客車は驚きの連続だった。

当時のB寝台は3段式だったが、昼間は下段を座席として使うため、中段が上下方向に動く構造だった。20系はこれを手動で行なっていたが、14系は電動化されていた。通路側の柱にこの操作スイッチが付いている。

また、寝台に上るとベッドの広さを感じた。20系は幅520ミリだったが、14系は700ミリもある。楽に寝返りを打てる広さだ。

触ったり、写真を撮ったりと大興奮状態の私を見て「さすがは鉄道研究部！」とクラスメートから笑われた覚えもある。

不満に思ったのは、床下に備えられていたディーゼルエンジンの音だった。走行中はあまり気にならないが、停車中は結構うるさい。特に深夜、駅などに停車するとエンジン音

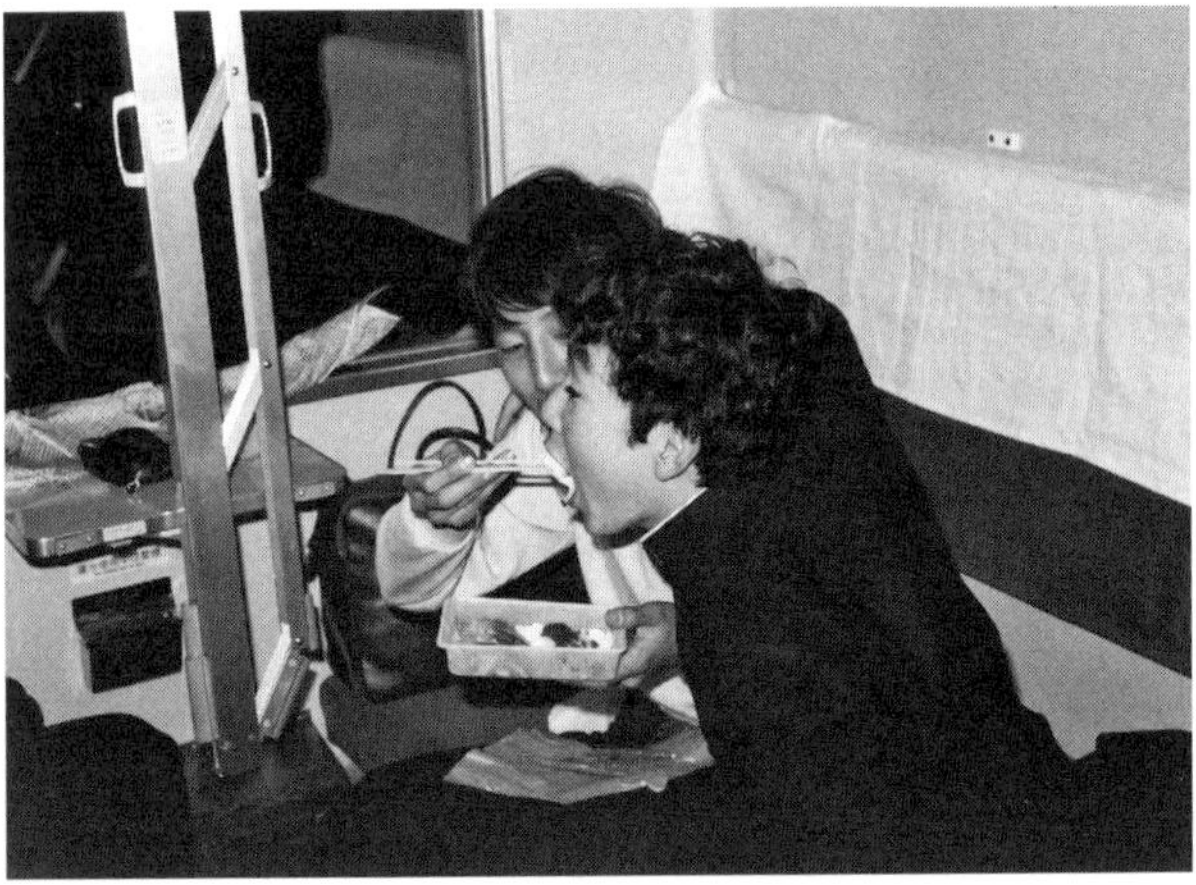

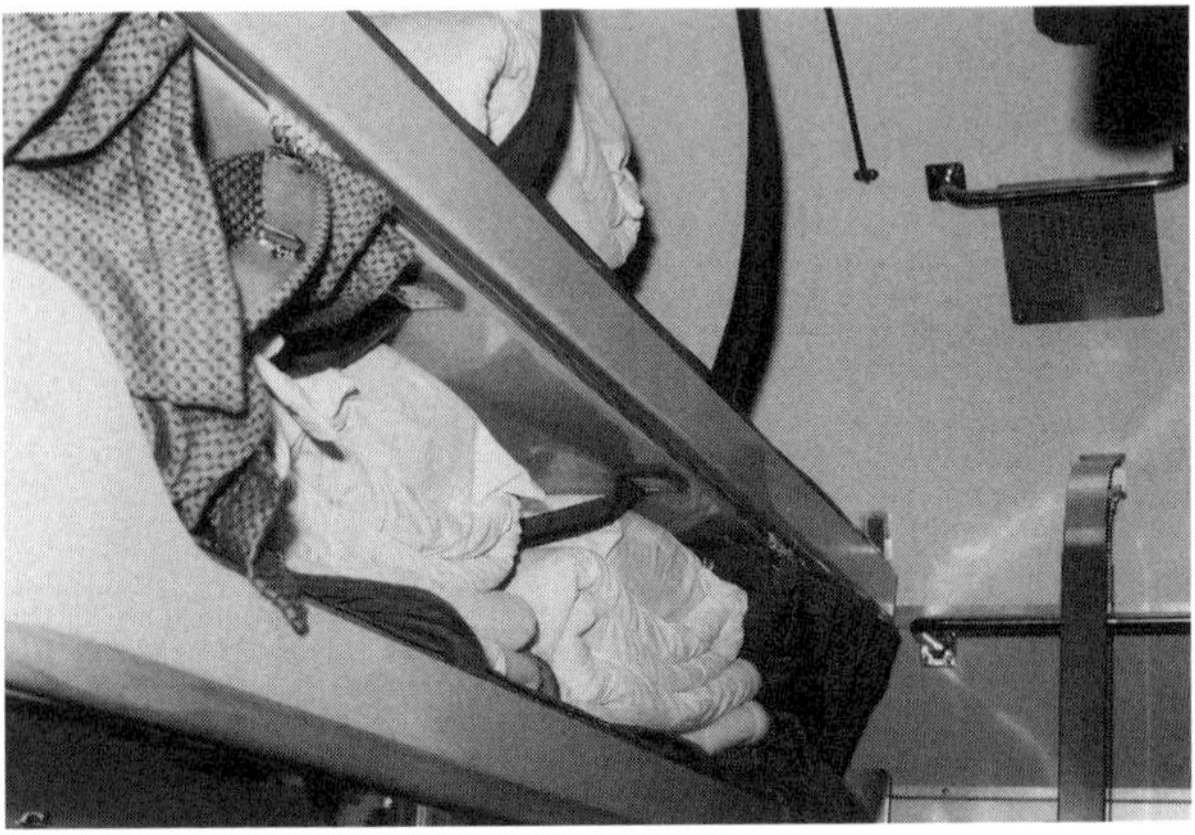

著者の修学旅行時の写真。はしゃいだ狭い席も、収納された寝台も懐かしい

が異様に響いた。運悪く（運良く？）、発電機付き車両に当たってしまったのだ。

翌朝、目が覚めると沿線でカメラを構えているファンの姿が目に付いた。皆、ダイヤ改正初日の列車を撮るべく待機していたようだ。有名撮影地「根府川《ねぶかわ》橋梁」では知人の姿もあり、車内から手を振った。

この頃が寝台特急のピークで、その後の新幹線延伸で衰退していく。利用者が減ったので減便。減便で乗りにくくなり、乗客減少。さらに減便せざるをえない。そんな悪循環が続いた。実は「ブルートレイン・ブーム」とは、こんな苦境の時期に起こっていたのだ。

国鉄からＪＲへの移行時、「あさかぜ」は東京～下関・博多間の２往復が運転されていたが、１９９４（平成６）年には1往復化、九州乗り入れの「あさかぜ」はなくなった。そして２００５（平成17）年には下関発着の「あさかぜ」も廃止されることになった。

最終列車となった2月28日の寝台券は上下列車とも「発売開始後１分足らずで完売」とニュースにもなった。あちこちに手を伸ばし、何とか入手。惜別のときを過ごすべく万難を排して乗車したが、東京駅出発から下関駅到着まで終始ざわついたムードで、残念ながら喧噪の想い出が残るだけだ。

機関車付け替えと切り離しが楽しかった「さくら」

発車まもなく別世界へ誘う列車

1985（昭和60）年の夏。16時過ぎに、東京駅9番線に14系客車の青い車体が静かに滑り込んできた。

先頭の機関車はスマートな巨体のEF66形。ちょうどこの年の3月改正でEF65PF形から交代したものだった。貨物列車用として開発された機関車だが、その独特なフォルムゆえ、ブルートレインの先頭に立てばさぞ映えるだろうと心に描いていた鉄道ファンは少なくなかっただろう。私もこの姿を一目見て、心が躍った。

当時の編成内容は食堂車とB寝台4人用個室「カルテット」が1両ずつ連結されているだけで、ほかは開放式の寝台車とシンプルなものだった。3段式だったB寝台の2段化改造は終わっており、出入り口に掲げられた★マークは三つとなっていた。

「ご乗車ありがとうございます。この列車は寝台特急さくら号です。ただ今、定刻の16時

さくら

東京～長崎・佐世保
1959（昭和34）年～2005（平成17）年

35分に発車いたしました。列車はこれから東海道・山陽・鹿児島本線を走り、長崎、そして佐世保までまいります……」

軽い衝撃とともに「さくら」が動き出すと、車内にチャイムが流れ、案内放送が始まった。列車内の設備、そして停車駅の案内と放送が進んでいく。

この時の乗車は、結婚後初めてカミさんと訪ねる九州だった。往路からA寝台を奮発した客車はプルマン

東海道本線菊川〜金谷の「さくら」

式のオロネ14形。個室ではないが、日中は向かい合わせのボックスシートとなり、ゆったりできるのがうれしかった。

放送に耳を傾けながら、流れゆく車窓に目をやれば、すぐ脇を山手線や京浜東北線が走り抜けていく。帰宅ラッシュにはまだ間があるものの、ガラス窓を隔てた向こうには日常が詰まっている。一方、わが「さくら」の車内は、時の流れまで変わってしまったような静寂に包まれている。別世界なのである。

多摩川を渡り、16時58分に最初の停車駅・横浜に到着。次は沼津に18時17分着。

その前に食堂車に出向き、夕日に染まった相模湾を眺めながら夕食をとった。

沼津駅では、運転士の交代があった。

軽く敬礼しながら機関車に乗り込む運転士、そして沼津まで重責を果たした運転士が列車の出発を見送る。ゆっくりと動き出し、徐々にスピードを上げながら客車が次々とホームを離れていく列車。ホームに立っていた運転士は最後尾の車掌に敬礼。夕闇に包まれていくテールライトとトレインマーク。その重なる姿はいつ見てもドラマティックだった。

沼津を出た「さくら」は、その後、富士・静岡・豊橋と停まり、名古屋には21時23分着。名古屋を出たところで「おやすみ」放送が流れ、車内は減光された。すでに大半の乗客はベッドに入り、カーテンがジョイントを刻むリズムに合わせて揺れている。

こうして「さくら」は深夜の東海道・山陽本線をひたすら西へと走っていく。

名古屋の次の停車は京都・大阪だけで、その後は翌朝5時41分着の徳山までない。ただし、これは『時刻表』に記された乗降利用できる駅の話。実際にはこのほかにも岡山・広島などで運転士交代する「運転停車」があった。

深夜、ふと気づくとこうした駅に停車していることもあり、窓のカーテン越しにこっそりと駅名を確認した。これもまた、ブルートレインの旅の楽しさだった。

小さい頃興奮した
寝台列車ならではの風景

この「さくら」には格別の思いがある。実は初めて乗ったブルートレインなのだ。父の故郷は九州、熊本の天草《あまくさ》。幼少時より祖父の命日を天草で過ごすことが多かった。東京から長崎まで汽車で向かい、長崎の郊外にある港町から船で天草に渡った。

初めての天草行きは3歳の春。母の記憶によると、通勤電車みたいなロングシートの寝台車だったという。おそらくそれは「さくら」の前身、特急「さちかぜ」だと思われる。父にとっては長崎経由の旅が安心だったようで、小学校に上がった1961（昭和36）年の天草行きは「さくら」を利用している。これが筆者にとって初めてのブルートレイン乗車となり、その後、わが家の墓参りは常に「さくら」だった。

山陽本線で迎える「さくら」の朝、徳山を出ると、左側に海が見えてくる。瀬戸内海だ。朝日に染まり、何とも印象的な情景が広がる。

「皆様、おはようございます。6時を過ぎました。列車は定刻通り走っております……」

この放送を潮に「さくら」の車内にも朝がやってくる。徳山で乗り込んできた寝台整理と車内販売の係員が仕事を始めるのだ。

寝台整理とは寝台を座席に変更する作業だ。ブルートレインや寝台急行では、終着駅まで寝台車のままとされた列車もあったが、昼近くまで走り続ける「さくら」ではそういうわけにはいかない。実は当時の「さくら」では、B寝台車は宇部から、A寝台車では門司から、それぞれ普通車・グリーン車として利用でき、そうした寝台を使わない乗客向けに欠かせない作業だった。

子どもの頃に乗った「さくら」は3段寝台の20系客車。この時の寝台整理は中段のベッドを折りたたみ、日中の居住空間を広げる作業もあった。これはまさに「寝台解体」と呼ぶべき力仕事だった。子どもの頃は、手際よく進められるこの作業がとても面白く、自分の寝台が整理された後も、隣の車両までついていったものだ。

定番の儀式
機関車交換を見る

7時20分、下関に到着。ここで機関車交換作業のため、5分停車する。

一般の乗客は、この間にホームでうどんをすすったり、駅弁を物色したりするが、鉄道愛好者は先頭に出向いて機関車交換の作業を眺めることになる。九州連絡のブルートレイ

下関で出発を待つEF30形。著者撮影

ンに乗る時、欠かせない儀式と言ってもいい。

先頭に出向くとすでに下関まで先頭に立ってきたEF66形は切り離され、むき出しになった客車の端面が見えた。ほどなく係員に誘導されながら銀色の電気機関車がやってきた。

関門トンネルはトンネルを抜けたところで直流から交流に切り替わる。そのため、直流専用のEF66形では通行できないのだ。さらに海底トンネルなので塩害による腐食も考えられ開発されたのが、ステンレスの特殊な車体を持つ交直流電気機関車・EF30形だ。

EF30形が連結され、いざ関門トンネルへ。子どもの頃、窓から海の中が見えると思い込んだ。しかし、どこまでも真っ暗なトンネルが続き、落胆した思い出がある。

トンネルを抜けると九州の門司で、今度は交流専用のＥＤ76形に付け替えられる。ここでも5分停車、再び機関車交換作業に見とれる。

続く小倉《こくら》に停車すると博多まで停まらない。九州の中枢部となる博多には8時41分着。わずか1分で出発するが、通勤・通学でラッシュとなる時間帯だ。ダイヤの隙間を縫ってブルートレインを走らせるのは大変だったことだろう。こうしたダイヤ設定の難しさもブルートレインを衰退に追い込む要因となった。

博多を出ると鳥栖《とす》と佐賀に停まり、肥前山口には9時45分着。ここで長崎行き編成と佐世保行き編成を切り離す。長崎行きは先頭側の1～8号車、佐世保行きは9～14号車だ。まず、引きとおしのブレーキ管やジャンパ線を外す。続いて長崎編成を数メートル前進させて連結器も切り離す。この状態で貫通扉を閉じ、二つの編成に仕立てるのだ。

こうして長崎行きは5分間ですべての作業を終え、9時50分に出発していく。この後、肥前鹿島・諫早《いさはや》に停車、終着の長崎に向かった。

終点の長崎には11時15分着。東京から18時間40分、１３００キロを超えるブルートレイン「さくら」の旅が終わった。

山陰連絡のブルートレイン「出雲」

「サンライズ出雲」へと続く昭和発祥の人気列車

「出雲《いずも》」あるいは「いずも」と呼ばれる列車は、昭和20年代から東京と山陰を結ぶ客車急行として運転されてきたが、1972（昭和47）年3月の改正で特急に格上げ、同時に20系客車に置き換えられた。ここでブルートレインの仲間入りを果たした。

ブルートレイン「出雲」は、すぐに寝台券の入手が難しい人気列車となり、3年後には「いなば」の名前で増発。同時に「出雲」は24系客車化され、新生「いなば」は14系客車でスタートを切っている。

当時の「出雲」は東京〜浜田間、「いなば」は東京〜米子《よなご》間と運転区間こそ違っていたが、基本的には首都圏と山陰地方を結ぶブルートレインで、列車名を分けたのが不思議なくらいだった。1978（昭和53）年には列車名を統合して、前者は「出雲1・4号」、後者は「出雲3・2号」となっている。

出　雲

東京～浜田
1972（昭和47）年～2006（平成18）年

この「出雲」には、20系客車時代を除き、現行の「サンライズ出雲」まで何度かお世話になっているが、昭和最晩年の姿を紹介したい。

　ぎりぎり国鉄だった1987（昭和62）年3月、まず「出雲1・4号」がグレードアップ改装された。まず、通路部も含めて寝台部をカーペット敷きとし、モケット（シート張地）やカーテンも暖色系のものに交換された。このカーペッ

東京駅にて「出雲」最終運転の様子

トは静寂にも役立ち、夜行列車ならではのテコ入れだった。さらに食堂車は「スターダストラウンジ」に改造された。

翌年からは「出雲3・2号」もグレードアップ改装が始まり、これは時代が平成と変わってから完了している。最終的にはシングルデラックス、ツイン、シングルツイン、Bコンパートを導入して個室の比率が上がった。

一方、一般的な開放式のB寝台では2段式化が完了していたが、わざわざ3段式も1両組み込まれた。これは高速夜行バスへの対抗策の一つで、往復限定だったが破格の「出雲B3きっぷ」も発売された。

東京駅を発車するまでの
ちょっと特殊な方法

乗車したのは１９８８（昭和63）年９月18日の「出雲１号」だった。東京を18時50分に発車、終着の浜田には明朝の９時57分に到着する。

当時、東京駅を出発するブルートレインはすべて10番線から発車していた。実は東京駅では東北新幹線乗り入れ工事の真っ最中。10番線の先は新幹線ホームができつつあった。ちょっと前までは機関車を付け替える機回しの線路があったが、それすらなくなっていた。

電車ならそのまま折り返していけるが、機関車牽引のブルートレインはそういうわけにはいかない。品川の車両基地から東京駅に回送、ここで機関車を付け替えて折り返していくのである。そこでちょっと変わった運転方法がとられていた。

18時30分過ぎ、「出雲１号」入線のアナウンスが流れ、有楽町側から列車が進入してきた。先頭の機関車はＥＦ66形だ。下り側の先頭部には「あさかぜ」のヘッドマークもついている。

所定位置に停車すると、この機関車はすぐに切り離され、神田側に引き上げていってしまう。と、ほとんど同時に有楽町側の側線で待機していたＥＦ65ＰＦ形が客車の先頭に連

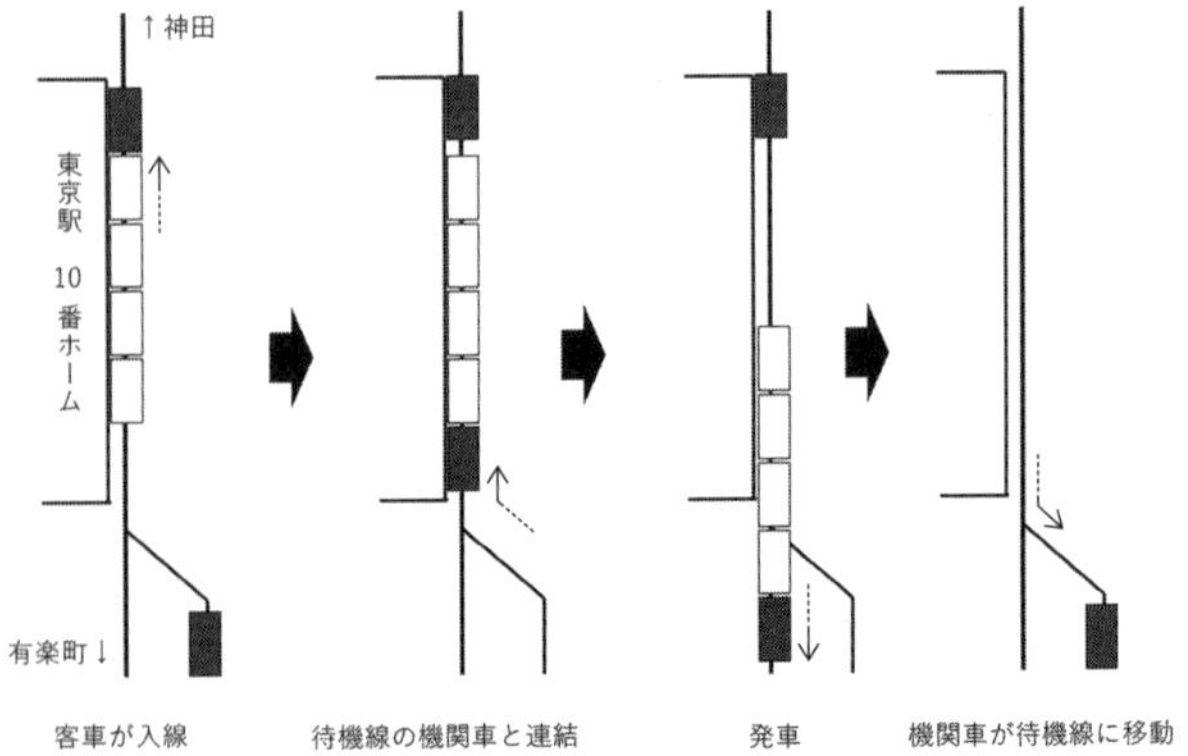

東京駅10番ホームの一例。黒が機関車、白が客車

結された。ヘッドマークは「出雲」となっている。これでようやく、「出雲1号」の編成が完成したことになる。

つまり、この時代の東京駅では、機関車は1本前の列車の客車を回送していた。そして、自分が担当する列車がホームに据え付けられるまで、留置線で待機していたのだ。「出雲」用のＥＦ65ＰＦ形の場合、1本前の「富士」の編成を牽いて東京駅へとやってきていた。そして18時20分に「富士」が出発すると、単機で10番線を神田側から有楽町側へ走り抜け、留置線へと移動、待機していたのである。

こんな機関車の付け替えが行われている最中、「出雲1号」先頭の電源車カニ24形では、荷物の積み込みが始まっていた。数台の台車が次々と横づけされ、山積みになった荷物を片っ端から車内へ放り込んでいる。行先を見るとほとんどが名古屋行きで、内容は大半が新聞のようだ。国鉄時代、荷物専用列車もあった頃はあちこちで見られた姿だが、この時はすでに貴重な情景となっていた。

この日の編成は、ＥＦ65ＰＦ形を先頭に、電源車カニ24形、そして1～11号車と客車12両の編成。電源車から4号車までの5両が浜田行きで、5～11号車は途中の出雲市で切り離される。個室のシングルデラックスは1号車に組み込まれていたが、食堂車は8号車で、営業は途中の米子までとなっていた。

「本日は特急『出雲1号』をご利用いただき、ありがとうございました。乗務しております車掌は米子車掌区松永、藤井、田邊、運転士は品川運転所田辺です。途中、停まりますおもな駅と停車時間は……」

18時50分、定刻通りに出発すると車内放送が流れ、「出雲1号」の旅が始まった。

横浜で数十名乗車し、すぐに発車。車内をのぞき込んでいる人もいるが、どうやら見送りの人のようで、一般の人は関心すら示さない。通勤時間に毎日見ている人は、乗車できない余計な列車がきたとでも思っているのだろうか。

夜は22時30分まで
朝は6時から食堂車へ

この時代の「出雲1号」は食堂車の営業も行なっていた。

この日に連結されていたのは「あさかぜ1・4号」で運用を開始した「スターダストラウンジ」だった。以前から使用されていたオシ24形を改装したもので、壁に星空を描き、天井に並ぶライトにはシャンデリア風にカットグラスがぶら下がっていた。車体の揺れにともなってガラスが動き、壁面の星空に反射した光が走る。座席も4人掛けだけではなく、ソファーも用意してレイアウトを工夫してあった。悪く言えば「場末のスナック」といった薄っぺらさもあったが、ブルートレインの人気復活にかける思いが伝わってきた。

メニューも工夫されており、国鉄晩年には「出雲」特製の「大山おこわ御膳」が登場、さらに「牛肉風味炊き御膳」「あさがお御膳」などもラインナップされていた。この年の3月からは「北斗星」でフランス料理のフルコースが提供されて話題となっていたが、ほかのブルートレイン食堂車も頑張っていたのである。価格は1500円前後。町の食堂よりやや高めだが、食堂車という環境では許容の範囲だろう。

実際この日は、乗車率が6割ほどだったにも関わらず、22時30分の営業終了まで食堂車の利用者が途絶えることはなかった。

「出雲１号」は横浜を出た後、熱海・沼津・静岡・浜松と停車し、名古屋には定刻だと23時21分着。ここで３分間停車する。当日の車掌さんから、荷物扱いのゆとりを見込んだダイヤ設定と教えてもらった。だが、この日は途中で列車遅延があり、さらに荷物も多く、３分間では厳しかった。ついに後続の「あさかぜ１号」まで追いついてしまう始末で、車掌さんの何度も時計を確認する姿が印象的だった。

『時刻表』では名古屋を出た後、深夜の２時59分に福知山に到着するまで通過となっているが、実際には米原で運転士を交代、さらに京都ではＥＦ65ＰＦ形からＤＤ51形への機関車交換もあった。

京都では２番線に入線、ここで機関車交換の作業を行なう。すでに時刻は１時を回り、ホームの照明は消えている。もちろん客車の出入り口は開かないが、機関車交換にともなうブレーキ管の外された音が静かな構内に響き、ベッドの中でその作業を想像した。

「おはようございます。あと15分ほどで倉吉に到着いたします」

案内放送で目が覚めると、時刻はすでに６時を回っていた。外は雨模様。雲が低くたれこめ、夜明け前のような暗さだった。

食堂は6時から営業と聞いていたので、さっそく朝食に向かう。ずいぶん早くから営業しているようにも思えるが、出雲市で食堂車を切り離すため、7時30分には営業を終了し、片付けていなくてはならないのだ。朝食のメニューは、洋風定食と和風定食、それにサンドイッチなどのアラカルトが用意されていた。

米子には7時7分着。ここで機関車をDD51形同士で交換する。京都から米子まで300キロ以上。運用上の機関車交換と聞いたが、ディーゼル機関車では燃料の給油も必要になるのだろう。交換作業は4分足らずで終わり、7時13分の定時発車にはかなり余裕があった。

米子からは立席特急券でも乗車できるため、手前の倉吉から寝台整理の職員が乗ってきた。ここから出雲市までの約1時間に寝台を手際よく解体してゆく。ここまでくると、もうベッドに横になっているわけにもいかない。

食堂車のほうも営業を終了し、後片付けに入っていた。

「あと5分ほどで出雲市へ到着いたします。出雲市では5号車から後ろの車両を切り離しますので、出雲市より先に行かれる方は前寄りの車両にお移りください」

出雲市到着の案内が流れると、数名の乗客が後ろの車両から移ってきた。

8時17分、出雲市に到着。４号車と5号車の連結部分で、すぐに切り離し作業が始まる。３人乗務していた車掌も１人はここで終了。ラストコースは２人で担当することになる。出雲市駅での切り離し作業は、スムーズに進み、８時25分に定刻発車。

出雲市を発車したところで短い編成となった車内を歩いてみたが、寝台車４両への乗客は自分を含めてわずかに34名。

終着駅が近づくと乗客が減り、編成も短くなってしまう「出雲１号」。食堂車切り離し後は車内販売すらなくなってしまい、ブルートレインというよりはローカル急行のような雰囲気となってしまった。

こうして9時57分、「出雲１号」は終着の浜田駅へと到着した。

ルート変更を繰り返した「あけぼの」

影響はミニじゃなかった
ミニ新幹線

「あけぼの」は首都圏と青森を結ぶブルートレインだった。１９７０（昭和45）年7月1日に上野〜秋田間を結ぶ臨時の寝台特急として運転を開始。同年10月、運転区間を青森まで延長して定期列車化した。

以来、最盛期には3往復も設定され、２０１４（平成26）年3月のダイヤ改正で定期運行を終了するまで、半世紀近く走り続けた。

「あけぼの」は数奇な歴史をたどってきた。特筆すべきは走行ルートの変遷だ。

当初は上野から東北本線を福島まで北上、ここから奥羽本線をたどって青森へと向かっていた。現在、奥羽本線の一部は「ミニ新幹線」と呼ばれる山形新幹線あるいは秋田新幹線となり、在来線としては特殊なスタイルになっている。「あけぼの」は、このミニ新幹線の建設に翻弄されながら継続運行されてきた。

あけぼの

上野～青森

1970（昭和45）年～2014（平成26）年
①1970（昭和45）年～
②1990（平成2）年～
③1997（平成9）年～

運転開始当時に話題になったのは、奥羽本線福島～山形間の運転だった。

ここには板谷峠と呼ばれる33・3パーミル（1000メートルにつき33・3メートルの高低差がつく勾配）の急勾配が連続する難所があった。一部は38・0パーミルもある。

ここではEF71形とED78形という強力機関車を連結した重連運転で乗り切っていた。深夜の通過となったが、列車の中からも2両

上野駅で発車を待つ「あけぼの」。著者撮影

の機関車の唸りがトンネルに反響し、この区間の走行であることはすぐに知れたものだ。

1987（昭和62）年4月、国鉄が分割・民営化。当時3往復運転されていた「あけぼの」の運行はJR東日本に引き継がれる。

この頃、国鉄時代から計画されていた山形新幹線の建設が決まり、1988（昭和63）年8月には着工となった。これは在来線の線路の幅（軌間《きかん》）1067ミリを新幹線規格の1435ミリに改軌《かいき》するミニ新幹線方式とされ、第1期開通区間となる福島～山形間での改軌工事が始まった。これにより、「あけぼの」ルートは途切れてしまうことになった。

工事の進捗に合わせて1990（平成2）年9月1日から「あけぼの」の運行体制が大きく変わる。当時「あけぼの」は1日2往復運転となっていたが、

1往復ずつ運転区間を変更、1往復については列車名も「鳥海」と改めることになったのだ。

「あけぼの」として継続運行されたのは「あけぼの3・2号」だった。これは東北本線を小牛田まで北上、陸羽東線経由で奥羽本線へと入ることになった。

また、「あけぼの1・4号」は上越線経由で日本海側に抜け、羽越・奥羽本線経由で青森に向かうことになった。これにより酒田などにも停車するようになったため、沿線にそびえる鳥海山にちなみ、列車名も「鳥海」と改めている。

実はこのルートでは1982（昭和57）年11月から上野～秋田間の「出羽」というブルートレインが運行されており、この区間ではブルートレイン2往復となった。だが2往復のブルートレインは需要に対して輸送力が過剰となり、残念ながら「出羽」は1993（平成5）年12月で廃止されてしまった。

一方、山形新幹線は1992（平成4）年7月に山形まで開業する。これがミニ新幹線の成功例となり、今度は秋田新幹線の建設も決まった。

かくして秋田新幹線開業の1997（平成9）年3月22日、陸羽東線経由で運転していた「あけぼの」は上越線経由に変更された。この時、旧「あけぼの1・4号」の「鳥海」

は廃止となり、上野〜青森間列車は「あけぼの」1往復だけとなった。

「あけぼの」はこの姿で終焉まで走り続けたのである。

生き残りをかけた「あけぼの」のチャレンジ

ＪＲ時代の「あけぼの」はブルートレインとしての存続に向けて、さまざまな新しいサービスを積極的に採り入れていた。

最上級の寝台として1人用A寝台個室「シングルデラックス」が1両連結されていた。クラスとしては国鉄時代の「はやぶさ」「富士」などから使われるようになったものだが、「あけぼの」にはＪＲ発足後の1991（平成3）年から連結されている。

枕木方向に寝るスタイルだったが、ベッドはソファの背もたれを倒して使うもので、座席兼用の「はやぶさ」などより寝心地が良かった。さらに壁面にエキストラベッドが収納されており、2段ベッドにもなった。2人用個室としても使用できたのだ。

また、1人用B寝台個室「ソロ」も用意され、これは2両連結されていた。中央通路式で、窓側に上下2段で個室が並んでいた。ここではレール方向に寝るスタイルだ。

寝台券なしで乗れる「ゴロンとシート」

このソロは開放式Ｂ寝台と同じ料金設定で、やはり１９９１（平成３）年の登場時から人気の寝台となった。実際、利用してみると快適で、特に上段は天井に向かってカーブした窓が独特な開放感を出し、きっぷの予約は上段から埋まったようだ。

「あけぼの」では従来の設備をそのまま使った新しいサービスも試行されていた。２００２（平成14）年に始まった「ゴロンとシート」だ。

これは開放式のＢ寝台を運賃＋指定席特急料金で利用させるもの。ただし、枕・毛布・シーツ・浴衣などのサービスは一切なく、シートに横になれるだけ。これがネーミングの由来だ。なお、カーテンはＢ寝台と変わらずに設置されているので、プライバシーは保たれる。枕や上掛けをちょっと工夫すれば、居住性は開放式B寝台とまったく変わらない。

ちなみに上野〜青森間を通常のB寝台（ソロも含む）で利用すると合計1万9640円。一方、ゴロンとシートは指定席扱いのため、繁忙期や閑散期で変動もあったが、通常期で1万3850円となる。なんと5790円も安くなるのだ（2002年当時）。

この時代、夜行高速バスがブルートレインのライバルとなっていたが、当時の東京〜青森間の夜行高速バスは片道1万円程度。プラス四千円弱で横になれると考えれば、結構な競争力となったはずだ。

上越線経由となっていた時代の「あけぼの」の旅も紹介しておこう。2008（平成20）年6月11日の下り列車時のことだ。

当時の「あけぼの」は、上野駅を21時45分に発車した。かつてはこの地平ホームから次々と夜行列車が旅立っていたものだが、当時のこの時間帯は「あけぼの」だけ。その後は23時台に寝台特急「北陸」と夜行急行「能登」があるだけだった。

閑散期ということもあり乗客は少ないだろうと高をくくり、乗車の半月ほど前になってからみどりの窓口に並んだ。リーズナブルな旅を目指し「ゴロンとシート」で申し込む。ところがゴロンとシートはすでに満席に近く、上段席しかないという。後でこれが災いとなるのだが、そのときは確保できただけでひと安心だった。

実際、当日は満席で人気のほどを改めて思い知らされた。ちなみに2両連結されているソロもほぼ満室。一方、開放式のB寝台はひっそりとしたもの。この時期は「あけぼの」の価値を熟知した、旅慣れた人だけが利用している列車という感じがした。

災いというのは煙草の問題だった。当時のゴロンとシートは喫煙可だったのだ。

ＪＲ東日本は２００７（平成19）年3月のダイヤ改正で他会社に直通する列車を除き、新幹線・特急列車を全面禁煙化した。しかし、夜行列車は全面禁煙化から外れ、「あけぼの」では5〜8号車のシングルデラックス、ソロ2両、ゴロンとシートは喫煙可だった。

寝台使用中はベッドで煙草を吸わないというルールはあるが、ゴロンとシートはあくまでも座席車扱いだ。カーテンを開けた状態なら誰が吸っても文句は言えない。特に、上段は換気が悪く、煙がこもる。カーテンぐらいでは防御できず、深夜まで煙たいのを我慢することになった。

ちなみに「あけぼの」には禁煙ゴロンとシートも用意されていたが、これは女性専用車だった。なお、２００９（平成21）年3月からゴロンとシートはすべて禁煙化され、いつしか個室も禁煙化された。

朝の時間が好きだった

寝台列車

翌朝、鶴岡駅に到着したところで目が覚めた。4時34分、日の出までに少々時間はあるが、すっかり明るくなっていた。初夏の下り「あけぼの」は、このあたりから終着駅の青森まで羽越・奥羽本線の車窓をゆっくり楽しめる、楽しい列車だった。

最上川を渡る頃、車窓の右側には鳥海山が浮かび上がる。もうすぐ日の出だ。酒田、遊佐《ゆざ》と停まり、やがて左側に日本海が見えてくる。すでに夏の強い日差しに海が輝いている。沖合に浮かぶ飛島もよく見える。

象潟《きさかた》では寝台整理の係員が乗り込んでくる。羽後本荘《うごほんじょう》から座席扱いとなる4号車で作業が始まる。この時代の「あけぼの」に使われていたのは2段式寝台となった24系25形客車。上段も固定式で、往年のような寝台の跳ね上げはない。カーテンをまとめ、寝具を上段に移すだけで作業は終わってしまう。

秋田が近づく頃、車内放送が始まり、秋田には6時44分着、5分停車する。ホームには通学の高校生があふれ、のんびりとした「あけぼの」の旅から目が覚める。

この時は秋田から車内販売が乗車、青森まで営業された。これは秋田から先に向かう乗客にとってありがたい存在だった。しかし、ほどなく車内販売が廃止されてしまう。秋田駅停車中に駅弁を買おうにも、店の営業時間外だった。末期の「あけぼの」では乗車前に準備しておかないと、絶食を強いられることになってしまった。

　この車内販売でびっくりしたのは支払いがＳｕｉｃａの電子マネー対応になっていたことだ。この時からすでに10年以上過ぎているが、秋田や青森エリアではいまだに乗車券としてのＳｕｉｃａサービスは行なわれてない。電子マネーは驚くほど先行していたのである。

　東能代の先、二ツ井、鷹ノ巣、大館、碇《いかり》ケ《が》関《せき》、大鰐《おおわに》温泉と小まめに停まって弘前へ。寝台特急ではあるものの、このあたりでは昼行特急として役目を果たしている。それを実証するように秋田以降４号車では各駅で乗降する姿が目立った。

朝の車内販売がありがたかった。
著者撮影

　弘前を出ると次は終着の青森だ。車窓の左側には岩木山が輝き、ラストコースへの彩りを添えてくれた。

　こうして９時56分、「あけぼの」は青森へと到着した。

北海道連絡も担った「日本海」

ブルートレインが
次々発着した大阪駅

大阪と青森を日本海縦貫線経由で結ぶブルートレイン「日本海」は、「よん・さん・とお」と呼ばれた１９６８（昭和43）年10月のダイヤ改正で誕生。２０１２（平成24）年まで定期列車として走り続けた。

「日本海」は青森方面への足というだけでなく、その先、青函連絡船に乗り継ぐことで北海道へ連絡するという重要な役割も担っていた。青函トンネル開通後、一部が函館まで足を延ばしてその責務を引き継いだが、最晩年は再び大阪〜青森間の運転となっている。

こうした北海道連絡の重要ルートとなっていたこともあり、「ブルートレイン・ブーム」の時代、「日本海」は季節列車を定期化して１日２往復体制とするほどの人気列車となり、ＪＲ移行後も長らくこの体制で運行されていた。

その一方、編成面では比較的シンプルだった。２往復時代から食堂車の連結はなくなり、

日本海

大阪〜青森
1968（昭和43）年〜2012（平成24）年
※1988（昭和63）年〜2006（平成18）年は
　大阪〜函館

国鉄晩年に始まった個室寝台ブームにも乗り損ねた。1998（平成10）年12月にやっと個室のシングルデラックスが連結されるようになったが、これも2008（平成20）年3月の10往復化の際になくなっていた。

この「日本海」の出発する大阪駅は、さまざまなブルートレインが姿を見せる、ブルートレイン愛好者にとっては聖地のような駅でもあった。

ブームとなった1978（昭和53）年の10月でみると、17時過ぎに出発する「日本海」を皮切りとして関西から九州方面に向かう「明星」「あかつき」「彗星」が次々と旅立っていく。その後、新潟に向かって「つるぎ」が出ていくと一段落着くが、さらに深夜0時頃から東京発の「さくら」「はやぶさ」「みずほ」「富士」「あさかぜ」「瀬戸」が次々と姿を見せる。これは下り「さくら」から始まるが、やがて上り列車も行き交うようになり、壮観な時間帯だった。『時刻表』の上では通過と表示されたものもあったが、乗降扱いがないだけで、全列車が大阪に運転停車していた。

そして夜が明けるころから関西止まりのブルートレインが次々と到着し、これが10時頃まで続くのだ。大阪駅はまさに日本の鉄道の要だと実感したものだ。

筆者が最初に乗車したのは、青函トンネルが開業した1988（昭和63）年のことだった。たまたま関西と北海道に用事があり、青函トンネル開業から「日本海」の一部が函館まで運転を延長していたため、これも体験すべく「日本海1号」のきっぷを求めた。

当時の「日本海1号」は大阪駅を17時35分に出発した。

ちょうど梅雨明けの頃で、まだ陽は高く、帰宅ラッシュを迎えたホームは熱気に包まれていた。ホームは10番線。案内板には「日本海1号」に添えて「函館」の文字があり、北

函館で折り返し待ちの「日本海」。背後は函館山。著者撮影

1979（昭和54）年完成の4代目大阪駅。現在は5代目駅舎

海道連絡列車になったことを実感した。ちなみにこのホームでは翌年から「トワイライトエクスプレス」が札幌を目指して旅立つようになるが、この時はそんなことは想像もできず、函館の文字を見ただけで感動したものである。

17時35分という旅立ちは、夕食のことを考えると面倒だった。

乗車前に食べるのはいささか早すぎる。適当な時間に車内で食べるのがいい。しかし当時の「日本海」には食堂車の連結がなかった。車内販売はあったように記憶しているが、乗車前に食事を準備せず、絶食を強いられた列車も多々あった。そんな経験から、ホームで駅弁と缶ビールを求めた。

やがて大阪駅の下り側からピンク色のＥＦ81形電気機関車を先頭にしたブルートレインが入線してくる。交流・直流両方の電源に対応したタイプで、先頭には「日本海」のヘッドマークが掲げられている。波が表現され、好きなヘッドマークの一つだ。

機関車と連結した客車は11号車。1号車まで11両の寝台車が続き、最後尾にはさらに電源車が1両連結されている。

大阪駅始発のブルートレインは、そのまま進む形で出発ができた。九州方面に向かう列車は上り側から、「日本海」のような北陸方面に向かう列車は下り側から機関車を先頭に入線ができる線形なのだ。東京駅や上野駅のような機関車の付け替えは不要だ。一方、入線から出発までの時間が比較的短いため、列車の観察は早々に切り上げて乗車する。肌寒いぐらいに空調の効いた車内がなんとも快適だった。

車窓からの日本海は意外にもワンチャンス

「日本海」は定刻に出発、新大阪、京都と停車して湖西線へと入っていく。

太陽は傾き、車内に夕日が差す。まだ夕食という気分ではなかったが、駅弁を開いた。

当時の「日本海」Ｂ寝台はすでに2段式となっていた。寝台は向かい合わせに配置され、一つのブロックを最大４人で利用することになる。日中、下段の寝台は４人掛けの座席として使われる。

この時は下段の寝台券を持っていたが、わざわざ通路のジャンプシートに腰かけ、ここで駅弁を食べた。寝台兼用座席で食事をすると、食べ物のにおいがこもることもある。余計な気遣いかも知れないが、これもブルートレイン利用時のたしなみと思っていた。

敦賀は19時21分発。２本目の缶ビールも飲みほし、ベッドへと潜り込んだ。

翌朝、時刻は4時52分。まだ起きるには早いが、羽後本荘を出発したところで起き出す。なぜならこの先で日本海が見えてくるのだ。列車名になっていながら、「日本海1号」から日本海を望めるのは、意外にもこのタイミングしかなかった。

秋田から奥羽本線へと入り、青森を目指して進んでいく。この時代、このあたりから山形経由で運転されていた「あけぼの1号」「あけぼの3号」、そして「日本海3号」が続行する。いずれの列車も一部の車両でいわゆる「昼ネ」（立席特急券でブルートレインを利用できる特別な扱い）が行なわれ、青森界隈の昼行特急としても活躍していた。

該当区間は列車によって異なるが、「日本海1号」は鷹ノ巣～函館間で、手前の秋田から係員が乗車、該当車両だけだったが、寝台整理を行なった。

こうして8時33分に青森へと到着する。

北海道へ渡った感無量の16年間

青函トンネル開通まではここが終点だったが、この時は、北海道の函館までとなっていた。ただし、11号車までの全車両が直通するのではなく、青森で編成の半分を切り離し、

１～６号車だけが函館行きとなった。また、こうした運転のため「日本海１号」の電源車は１号車の隣に連結されていた。これなら電源車の付け替えをせずに直通できるのだ。

ただし、青森～函館間は青函トンネル専用となったＥＤ79形交流電気機関車が担当する。線形の関係で進行方向も変わるため、ＥＤ79形は電源車側に連結される。

すべての作業を終え、ＥＤ79形を先頭にした「日本海１号」は８時50分に出発した。まずは津軽線を通り、青函トンネルのある海峡線へと入っていく。

それまでこの区間を通ったのはすべて「北斗星」での体験だった。これは深夜の通過で、「日本海１号」が初めて日中の通過だった。車窓を凝視し、青函トンネルを待つ。いくつかの短いトンネルを抜け、いよいよ当時世界最長の海底トンネルへと進入した。現在、北海道新幹線の一部となっているが、ブルートレインで通過しても揺れが少なく、カーッという硬質の走行音が印象的だった。

青函トンネルを抜けて木古内に停車。さらに30分ほど走ると車窓の右手に函館山が見えてくる。わずか半年前まで青函連絡船のデッキから眺めていた景色が、今では車内から見える。「日本海」は、まさしく〝北海道連絡列車〟に成長したのだとうれしくなってきた。

大阪から１１８３・９キロ、「日本海１号」は終着の函館に11時８分に到着した。

ブルートレイン一覧

列車名	主な運行区間	運行開始日	最終出発日
あさかぜ	東京～博多など	1958年10月1日	2005年2月28日
さくら	東京～長崎など	1959年7月20日	2005年2月28日
はやぶさ	東京～西鹿児島など	1960年7月20日	2009年3月13日
みずほ	東京～熊本など	1963年6月1日	1994年12月2日
富士	東京～西鹿児島など	1964年10月1日	2009年3月13日
あかつき	新大阪～西鹿児島など	1965年10月1日	2008年3月14日
明星	新大阪～西鹿児島など	1975年3月10日	1986年10月31日
なは	新大阪～西鹿児島など	1984年2月1日	2008年3月14日
彗星	新大阪～都城など	1968年10月1日	2005年9月30日
出雲	東京～浜田など	1972年3月15日	2006年3月17日
いなば	東京～米子	1975年3月10日	1978年10月1日
瀬戸	東京～宇野など	1972年3月15日	1998年7月9日
紀伊	東京～紀伊勝浦	1975年3月10日	1984年1月31日
安芸	新大阪～下関	1975年3月10日	1978年10月1日
はくつる	上野～青森	1964年10月1日	2002年11月30日
ゆうづる	上野～青森	1965年10月1日	1993年11月30日
北星	上野～盛岡	1975年3月10日	1982年11月14日
北斗星	上野～札幌	1988年3月13日	2015年3月13日
あけぼの	上野～青森	1970年10月1日	2014年3月14日
出羽	上野～秋田	1982年11月15日	1993年11月30日
鳥海	上野～青森	1990年9月1日	1997年3月21日
北陸	上野～金沢	1975年3月10日	2010年3月12日
日本海	大阪～青森など	1968年10月1日	2012年3月16日
つるぎ	大阪～新潟	1972年10月2日	1994年12月2日

※客車により定期運転された寝台特急のみ掲載。
※主な運行区間は運行期間が長かったものを代表として紹介。運行開始日はブルートレインとしての運行で、それ以前に別の形態で運行されていたものもある。
※最終出発日は始発駅を出発した日。なお、運行開始日から最終出発日の間にブルートレイン以外の電車寝台などで運行されていたケースもある。

第3章

世間を巻き込むブルートレイン・ブーム

「ブルートレイン・ブーム」の予兆

「ブルートレイン」と呼ばれる列車が日本から消えて久しい。

国鉄時代の昭和30年代に運転が始まり、その分割・民営化とともにＪＲに引き継がれた列車たちは、体制の変化を経ながら半世紀以上、日本の鉄路を走り続けてきた。

この間、ブルートレインには交通機関としての盛衰もあったが、それを趣味の対象として応援してきた、愛好者の心象にも盛衰があった。その思いが一気に膨れ上がり、社会現象としてもとらえられるようになったのが、１９７０年代末期に起こった「ブルートレイン・ブーム」である。

今改めて振り返ってみると、このブームにはいくつかの兆しがあった。

鉄道愛好者が盛り上がった
１９７０年前後の「ＳＬブーム」

鉄道が対象となった「ブーム」のさきがけは、何といっても「ＳＬブーム」だろう。

SLのラストランでごった返す東京駅。著者撮影

　１９６０年代後半、国鉄の動力近代化施策によりＳＬの淘汰が進んでいった。電化あるいは内燃化によって無煙化をはかるというものだ。東京・大阪などの大都市圏および四国は１９７０年代に入ったところでほぼ無煙化を達成、残りも１９７５（昭和50）年度の完了を目標に作業は進められた。こうしてカウントダウンが始まると、なくなる前にその姿をひと目見ておこう、さらには写真に収めておこうとする動きが起こり、「ＳＬブーム」が始まった。

　ＳＬは郷愁を誘い、その引退はニュース性もあることから鉄道趣味誌だけでなく一般誌もこぞって特集を組むようになり、その動きは加速していく。さらにテレビでもさまざまな番組を放映していく。特にＮＨＫの『新日本紀行』の影響力はすごかった。番組の舞台ともなると、その場所は確実にカメラを持った人などが集う人気ポイントとなった。

『交通新聞』をはじめ当時の新聞を見ていくと、ブームの過熱により人が集まりすぎるなどさまざまな弊害があったという報道もあるが、SLを運行していた国鉄自身は、ブームそのものは容認していたように見える。国鉄は動力近代化などで改革をはかっていたものの、経営的には困窮が始まっていたのだ。

ちなみに国鉄のSL終焉地となったのは、九州そして北海道だった。

地元の愛好者もいるが、首都圏や近畿圏から駆けつける人も多かった。今なら空路となるだろうが、当時その選択肢はほとんどなかった。また、マイカー利用も考えられるが、東北自動車道・中国自動車道とも全通前。一般道を走っての移動は大変である。結果的に、この時代は国鉄での移動が基本となり、北海道や九州へと長距離を移動するSL愛好者は国鉄の大切なお客様となっていたのだ。

二匹目のドジョウを狙った？「きっぷブーム」

このＳＬブームの時代、国鉄の「きっぷブーム」も始まっていた。

当時の国鉄では増収をはかるべくさまざまな記念きっぷを発行していたが、何の変哲もない普通のきっぷが突然売れ出したのだ。北海道の広尾線（現・廃止）に幸福駅という無人駅があった。しかも二つ隣は愛国駅。「愛の国から幸福へ」という語呂合わせで、愛国→幸福行き乗車券が人気になったのだ。

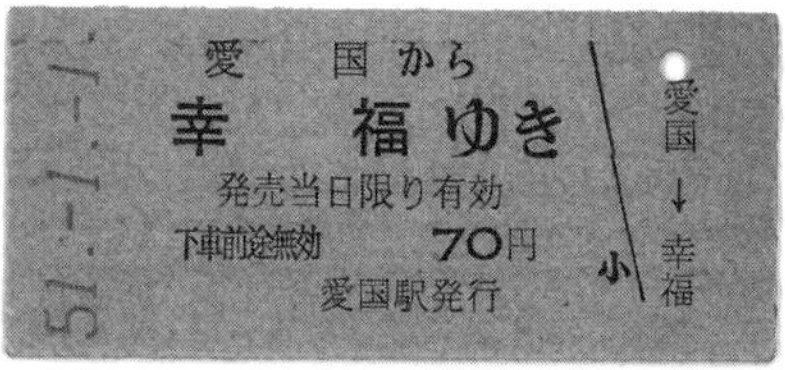

愛国→幸福のきっぷ。著者所蔵

列車に乗って買い求めに行く人もいれば、観光バスも愛国駅や幸福駅に立ち寄るようになった。お目当ては土産としてのきっぷ。国鉄は大した努力もなしに、売り上げだけが伸びていった。

不採算路線の検討によく使われる指数に営業係数がある。１００円の営業収入を得るのにかかる営業費用を示す指数で、一般的に１００以内なら黒字、１００を越えたら赤字路線とみなされる。広尾線は１９７４（昭和49）年度まで、営業係数が７００台と低迷していたが、「きっぷブーム」のおかげで一気に１８９まで回復した。残念なから黒字には届かなかったが、赤字額を大幅に減らした。

これを機に国鉄は新たな可能性を見出し、全国各地で函館本線の銭函《ぜにばこ》駅、徳島線の学《がく》駅など後続の縁起きっぷをPRするようになる。しかし、広尾線の場合、実は1973（昭和48）年に放映されたNHKの『新日本紀行』（幸福への旅〜北海道・帯広〜）がきっかけで起きたブームだったようで、そのほかの多くは柳の下のドジョウで終わってしまった。

新幹線開業の陰で誕生した人気ブルートレインたち

1975（昭和50）年12月、室蘭本線などの運転を最後に、国鉄本線上から定期運転のSL列車が完全に引退した。SLそのものは入換用に残ったが、それも翌年3月で終焉。ついに「SLブーム」は対象物を失い、終息へと向かっていく。

ちなみに無煙化が達成されつつあった1975（昭和50）年の3月10日には、山陽新幹線が博多駅まで全通した。国鉄は着実に新しい時代へと進んでいたのだ。

そしてSLだけではなく、旧型国電、旧型電気機関車なども次々と終焉を迎えていった。こうした車両が〝ポストSL〟の担い手として期待されたこともあるが、これはコアな鉄道愛好者向けのテーマであり、「ＳＬブーム」のような熱狂には程遠かった。

新幹線の博多開業で、山陽本線の昼行特急が一掃され、九州では博多駅を起点とした昼行特急網の再構築が進んでいた。また、関西～九州間のブルートレインも大きく体制を変え、減便されることとなった。そして、減便されたぶんの余剰車両によって新たな列車が新設された。

この時のダイヤ改正で誕生したブルートレインは「安芸」「明星」「いなば」「紀伊」「北陸」「北星」と6種もあった。運転本数全体の増減はともかく、ニューフェイスの登場は大きな話題となった。また、運転本数が適正化されたこともあり、多くのブルートレインは好調に推移し、当時の『交通新聞』などには年末年始の繁忙期「寝台特急など引っ張りダコ」といった見出しも踊っている。

当時ヘッドマークがあったのはブルートレインだけだった

こうした動きを敏感に感じ取ったのだろうか、1978（昭和53）年頃から東京駅や大阪駅、そして東海道本線の沿線などでブルートレインにカメラを向ける人々の姿が目立つようになってきた。特にこの時は小中学生など年少者が増えていた。

東京駅の場合、「さくら」「はやぶさ」「富士」「あさかぜ」などで先頭に立つEF65P形機関車にヘッドマークが掲げられていた。これは当時唯一のヘッドマークを掲げた定期列車だった。国鉄の経営を立て直す合理化政策は、動力近代化だけでなく、あらゆるものが対象となっていたが、ヘッドマークを省略することすら、合理化にはやむをえないと判断されたのだ。

ちなみに当時の電車特急やディーゼル特急の先頭車両には、列車名を掲げるスペースがあったが、その表記は日本語とローマ字だけ。ここにイラストが入り、トレインマークとして魅力を持つようになるのは1978（昭和53）年10月改正からだ。

やがて東京駅ではブルートレイン目当ての人々に対して立ち入り区域を設定するなど、やむをえない規制も始まった。また大阪駅では、これらの列車が通過するのは深夜帯となり、深夜の駅に集まる小中学生が問題となった。残念なことに1977（昭和52）年5月には東海道本線でブルートレイン撮影中の中学生が列車に接触して死亡するという事故も発生している。

モラルに反する行動はともかく、「ブルートレイン・ブーム」がスタートを切った。

「ブルートレイン・ブーム」を後押ししたテレビ番組

TBS系『ブルートレインのすべて』

鉄道好きが贈るマニアックな構成

「ブルートレイン・ブーム」が動き出した頃、二つの象徴的なテレビ番組があった。

そのひとつは１９７８（昭和53）年３月５日、TBS系で全国放送された『日曜☆特バン　激走　夢の寝台特急　ブルートレインのすべて』だ。

番組は寝台特急「富士」に女優の岸ユキさんと作詞家の関沢新一さんが乗車して、ブルートレインの旅を紹介するというもの。始発の東京駅から、終点の西鹿児島駅まで乗っている。

岸さんは国鉄がスポンサーとなっていた日本テレビ系の『遠くへ行きたい』などにも出演されており、この番組ではナレーションやインタビューも担当していた。

一方、同行の関沢さんは美空ひばりの『柔』、都はるみの『涙の連絡船』などの作詞で知られるが、脚本家としてゴジラシリーズの映画を担当したことでも有名だ。しかし、趣

関沢新一氏の写真集『滅びゆく蒸気機関車』

味の上では根っからの鉄道好き。関沢さんが1968（昭和43）年に出された写真集『滅びゆく蒸気機関車』（ノーベル書房）は「SLブーム」の火付け役とも言われている。

このほか、東京駅まで見送り、ナレーションを担当しているのはTBSアナウンサーの「ロングおじさん」こと吉村光夫さん。吉村さんも大の鉄道好きだ。

旅立ちとなる東京駅には子どもたちが集まっていた。岸さんは「色がかっこいい」「個室が好き」「列車内で寝るのがいい」「ヘッドマークが好き」などというコメントを集め、「ブルートレイン・ブーム」の担い手たちの声を紹介している。

本編はブルートレイン「富士」の旅路を紹介しつつ、東京機関区で撮影したEF65P形機関車のディテールなども織り込み、まさにマニア向けの構成。この番組が全国に流れたことで、ブルートレインに目覚めた愛好者が少なからず生まれていただろうと思う。

ヒューマンドキュメンタリー寄りのＮＨＫ『新日本紀行』

そしてもう１本。こちらは翌１９７９（昭和54）年４月18日に放映されたＮＨＫの『新日本紀行』で、タイトルは『「青い流れ星にのって」―ブルートレイン・さくら号―』。

番組タイトルから想像すると単純に寝台特急「さくら」の旅を紹介したものと思われるが、この作品は当時の『新日本紀行』で進めていた「シリーズ　旅立ち」とした、人間にスポットを当てたドキュメンタリー仕立てで、東京駅から長崎駅までの旅を紹介している。

こちらも子どもたちがブルートレインを囲む東京駅の情景から始まっている。機関車のまわりに子どもたちが集まり、その熱狂ぶりが伝わってくる。ＴＢＳの番組から約１年後の作品だが、まさに「ブルートレイン・ブーム」真っ盛りという感じだ。

東京駅を出発する際、食堂車の車内にはスタッフが並び、ホームに向かって深々と頭を下げる。そのシーンもあった。これは晩年の「北斗星」や「トワイライトエクスプレス」

でも実施されていた食堂車の独特な儀式だが、こうして原稿を書いているとその様子をホームで見送った記憶が蘇ってくる。

列車が走り始めると、乗客のインタビューも交えながら車内の様子を追っていく。主に乗務スタッフだが、なかには乗客に密着したシーンもある。

番組収録時の「さくら」はすでにニューブルートレインこと14系寝台車となっているが、まだ3段式寝台の時代。東京駅出発時は座席状態で、これを寝台状態にセット。そして明朝は寝台から座席状態に整理する作業がある。この寝台扱いのスタッフは途中駅から乗り込み、作業にあたる。実際に見たことのない人にとって、その作業は興味深いシーンだったことだろう。

ともにブルートレインを支える人々、乗客の姿が克明に描かれ、また列車の走行シーンや機関車交換シーンなども楽しい構成だった。今も思い出す番組であり、この2つの番組が「ブルートレイン・ブーム」の追い風となったことは間違いない。

グッズ化していったヘッドマーク

財政再建策が裏目に悪循環に陥った国鉄

「ブルートレイン・ブーム」がマスコミの話題になり始めた頃、国鉄もこの動きをなんとかいい方向に持っていきたいと考えていたに違いない。

1970年代、国鉄は悪化する財政を改善しなくてはならなかった。当時、運賃・料金については「旅客及び荷物運送規則」に定められており、変更する場合は国会審議が必要だったが、「軽微な変更」は運輸大臣の認可で可能だった。国鉄は比較的やりやすいこの「軽微な変更」という解釈を利用したと考えられ、特急料金や寝台料金などを幾度も改定、それがブルートレインや特急の利用料金値上げにつながり、旅客収入は伸び悩んでしまう。

ついに大鉈を振るわざるを得なくなり、1976（昭和51）年11月6日には運賃・料金50％アップという値上げを実施した。これにより特急のグリーン車やA寝台は大半の区間で航空運賃より高くなり、普通車やB寝台も大差ない状態になった。国鉄としては値上げによりシェアが落ちたとしても、値上げ幅で増収になるという読みだったのである。

しかし、国鉄の見込みは甘く、結果、大きな鉄道離れが起きる。これは1977（昭和52）年度に入っても好転せず、ついに同年9月20日、グリーン料金やA寝台料金を値上げ前の水準に戻すという、異例の措置をとっている。しかし、一度離れてしまった利用者は、おいそれと戻ってはこなかった。

そんな状況下で始まった「ブルートレイン・ブーム」の動きは、国鉄にとって数少ない明るい話題だったのである。

異例の40マーク一挙作成でブームに乗っかった国鉄

何とかこのブームにあやかり、人々の歓心を取り戻したいと国鉄は考えたに違いない。ただし、「ブルートレイン・ブーム」といっても、すべてのブルートレインに人気が集まっているわけではない。また、愛好者の動向は首都圏や近畿圏で突出している。この地域は人口が多いこともあるが、ここにはヘッドマーク付きで運転されているブルートレインがあった。それが人気のポイントなのでは？　そんな分析をしたと想像する。

そして、当時、文字だけを掲げて走っていた電車特急やディーゼル特急に、イラスト入りのトレインマークを付けることになった。イラストは列車名にちなんだものをコンパクトに表現、そして列車名の文字はスピード感のある字体が作成された。

その第一陣デビューとなったのは１９７８（昭和53）年10月ダイヤ改正だった。

北海道から九州まで「いしかり」「はくつる」「ゆうづる」「はつかり」「やまびこ」「ひばり」「つばさ」「やまばと」「あいづ」「とき」「みちのく」「はくたか」「白根」「ひたち」「新雪」「そよかぜ」「あさま」「いなほ」「白山」「しおさい」「わかしお」「さざなみ」「あやめ」「あまぎ」「あずさ」「金星」「しなの」「しらさぎ」「加越」「北越」「雷鳥」「白鳥」「明星」「彗星」「なは」「くろしお」「有明」「にちりん」「かもめ」「みどり」と、一挙に40系統の電車特急がイラスト入りトレインマークになった。

また、一般の昼行特急はイラストと文字でデザインされたが、翌年から寝台列車には「寝台列車」マーク、１９７２（昭和47）年10月改正から始まっていたエル特急サービスの指定列車には「Ｌ」マークも添えられている。

このイラスト入りトレインマークは人気となり、当初設定されなかった特急にも広がっていく。また、ブルートレインでは、客車の前後に掲げられた表示も文字だけからイラス

流れ星の寝台列車マークが入った

ト入りのトレインマークへと変わり、これもまた話題となった。

　国鉄の狙いは思惑通りに進み、「ブルートレイン・ブーム」から「トレインマーク・ブーム」へと進化していった。

トレインマークのデザイナーはボランティア感覚？

　イラスト入りトレインマークを速報した1978（昭和53）年7月2日の『交通新聞』によると、40系統のイラスト入りトレインマークのデザインは、国鉄車両設計事務所を中心に部外のデザイナーも参画する形でまとめられたとある。さらに費用は「ざっと一千万円」かかったと紹介されているが、一つの特急につき25万円という計算だ。物価の感覚は今とだいぶ違うが、車両に取り付けるトレインマークの制作費も考えると、よくこの価格でできたなあと思う。部外のデザインはボランティアに近かったのではなかろうか。

ちなみに、それまで機関車に掲げられてきたヘッドマークは、国鉄車両設計事務所、あるいは車両基地などでデザインを行ない、車両基地で手作りされていた。コストに対する考え方も国鉄独自の感覚だったのだろう。

こうして作られた新しいトレインマークだったが、さらに当時の国鉄は「意匠登録はせず、皆で活用してもらい、親しんでもらえれば」と大盤振る舞いのコメントも残している。

これも狙い通りに動いた。

国鉄の思惑通り……続々できた関連グッズ

イラスト入りトレインマークがデビューした年の暮れ、12月21日の『交通新聞』には「絵入りヘッドマーク引っぱりダコ」という記事が掲載された。

国鉄旅客局に3カ月で80社から製品化の「使用願い」が出されたとある。さらに雑誌掲

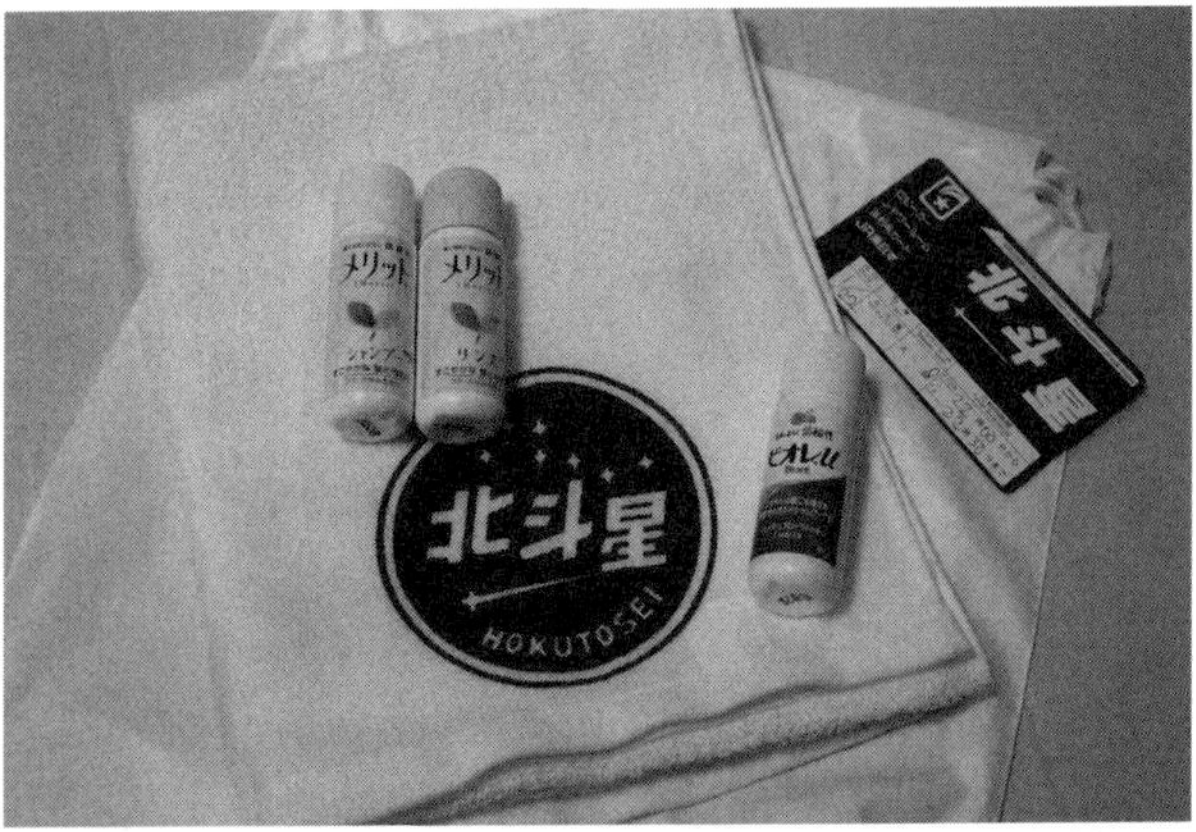

「北斗星」のアメニティセットにはマーク入りのタオルも。著者撮影

載を目的とした出版社からの申請もあり、これは15社、17誌となった。

製品化の内訳は衣料品類21種、家庭雑貨18種、文房具・学用品9種類、玩具類3種など。具体的にはステッカー、シール、ワッペン、カードが多く、Tシャツ、バッグ、紙袋、下敷き、キーホルダーなども目立った。小中学生向けの商品が多いが、これは「ブルートレイン・ブーム」の主流と判断され、そこをターゲットに置いたためと想像される。すでにサンプルができ上がっているものもあり、これも『交通新聞』の紙面に掲載されていた。

このほか、国鉄の外郭団体である鉄道弘済会やキヨスクの車内販売で扱う缶ビールや、清酒カップなどへのあしらいもあり、国鉄の狙った〝露出〟

は確実に浸透した。

また、１９７８（昭和53）年10月、ダイヤ改正を機にブルートレインでは、Ａ寝台利用者にタオルを提供するようになった。それまでも浴衣の提供はあったが、あくまでも備品の扱いで持ち帰りはできない。しかし、このタオルは持ち帰りができる。そして、ここには「富士」「はやぶさ」「出雲」などのヘッドマークがプリントされていたのだ！

一般には市販されず、利用者のみが入手できる、なんともレアなコレクターアイテムが登場したのである。のちにブルートレインの食堂車ではヘッドマークをあしらったコースターなども登場し、これも愛好者の密かな人気グッズとなっていった。

この後、そのほかのブルートレインのヘッドマークも徐々に復活していくことになる。これはこうした流れのなかで、ヘッドマークの重要性や魅力が再認識されたことが原動力となっていたと思う。

ファンたちのバイブルだった「全百科」シリーズ

のび太もあこがれたブルートレイン

「ブルートレイン・ブーム」の時代、さまざまなグッズが発売されたが、それとともに鉄道趣味誌をはじめ、学習誌、旅行誌、一般誌などの雑誌でブルートレイン特集が組まれ、さらには単行本として書籍も発行された。

例えば、小中学生に熱狂されていたこともあり、小学館の月刊「小学二年生」に連載されていたコミック『ドラえもん』でもブルートレインがモチーフになった。

それは1978（昭和53）年8月号に掲載された『ブルートレインにのろう!』という作品だ。まさに「ブルートレイン・ブーム」の真っ盛りの企画である。

冒頭、「のび太」のクラスメイトである「スネ夫」がブルートレインの旅の素晴らしさを自慢する。「のび太」はその体験がうらやましくてたまらない。親にブルートレインの旅をねだるが、「なんでわざわざお金をはらって汽車の中でねるのよ。かわったところでねたけりゃ、物置でねなさい」と却下されてしまう。ここで「ドラえもん」のひみつ道具「ブルートレインごっこセット」が登場、家をブルートレインにしてしまうというストーリーだ。

この作品は『ブルートレインはぼくの家』と改題されて単行本に再掲載されていくが、作家の藤子・F・不二雄氏は「のび太」と「ドラえもん」を通じ、当時の子どもたちがブルートレインに抱いていた憧れを見事に描いている。

ブルートレイン関連本を国会図書館で検索

当時のブルートレイン関連書籍の状況を推測するため、国立国会図書館の蔵書を調べてみた。この図書館には「国立国会図書館法」(昭和23年法律第5号)によって国内で発行されたすべての出版物を納入することが義務づけられており、それが保管されている。もちろん、納本されなかったものもあるが、おおよその見当をつける指針にはなるはずだ。

同館の蔵書リストのタイトルを「ブルートレイン」で検索すると569件、「寝台特急」では462件ヒットする(2021年6月30日現在)。なかにはジョン・コルトレーン『ブルー・トレイン』、浜田省吾の『ミッドナイト・ブルートレイン』など、今回の本論とは異なる資料もあるが、大半は狙いの鉄道関連だった。ただし、21世紀に納本された消えゆくブルートレインをテーマにした「惜別本」も多い。

年代順にみると、最初に登場する「ブルートレイン」本は、佐々木桔梗《ききょう》氏の『コートダジュール特急：文学渉猟《しょうりょう》によるブルートレイン物語』（プレス・ビブリオマーヌ）だ。1975（昭和50）年の発行である。

佐々木氏は文学と鉄道を愛された方で、格調高い鉄道趣味書を何冊も著していらっしゃるが、これもその一つ。ただ、この作品はフランスで運転されていた「青い列車」をテーマにしたもので、日本のブルートレインそのものではない。

子どもも心をくすぐった
カード型書籍

続いて登場するのは1978（昭和53）年4月発行の『ブルートレイン&スーパートレイン』（二見書房）だ。「ブルートレイン・ブーム」が動き出した時代に納本されたものだ。

国立国会図書館の蔵書リストでは「冊子体」とされているが、これは64枚のカードで構成された商品で、長辺およそ16センチ、短辺およそ11センチの箱に納められていた。そして写真・解説は鉄道写真家の廣田尚敬《ひろたなおたか》氏、価格は690円だった。

64枚のカードは、ブルートレインを中心に北海道から九州まで全国各地を走る国鉄の特急、そしてブルートレインの牽引に活躍していた電気機関車とディーゼル機関車を1点ずつ紹介するものだった。カードの裏には列車ごとの運転区間、走行距離、走行時間、表定速度、編成といったスペックのほか、コンパクトにまとめられた解説もあった。

廣田氏ならではと思わせるのは、カード裏の半分近いスペースを割き、撮影ポイントガイドとしていたこと。カード表の作例に対して撮影地を示した地図と撮影時の注意点、さらにはおすすめ時間帯と通過列車名なども記載されていたのだ。

ブルートレイン以外の特急はイラスト入りトレインマークの登場前だが、これは小中学生たちのバイブルになったに違いない。この二見書房のカードは大ヒットしたと思われ、同社では4カ月後に第2弾、翌年にも新版が発売されている。

この後、東京駅などでサービス版にプリントした写真を交換している子どもたちの姿もよく見かけるようになったが、実はこの二見書房の商品あたりにインスパイアされた楽しみだったのだろうか。さらに後のトレーディングカード流行のきっかけも、このあたりで素地ができていたようにも思ってしまう。

大人を魅了した 西村京太郎トラベルミステリーが登場

さらにブルートレインは小説などのテーマにもなっていく。

現在、トラベルミステリーの第一人者として知られる西村京太郎氏が光文社カッパノベルスから『寝台特急殺人事件』を上梓された。書名は「寝台特急」となっているが、ここに「ブルートレイン」のルビが添えられていた。

初版本の奥付発行日は１９７８（昭和53）年10月。まさにブルートレイン・ブームで盛り上がった時期である。これは憶測だが、書名をストレートに「ブルートレイン」としなかったのは、版元がその名称の認知度を危惧したせいかもしれない。時刻表などで一般的に使われていた「寝台特急」を書名に掲げ、ブームとなりつつあった「ブルートレイン」をルビで添えることによって時代の流れを取り込もうとしたのでは？　なんて想像する。

ひょっとすると、アガサ・クリスティ氏のエルキュール・ポアロシリーズ『青列車の秘密』（The Mystery of the Blue Train）との混同を避けたのかもしれない。日本では『青列車殺人事件』などとして翻訳発行されており、ここでも「ブルートレイン」のルビが添えられていた。逆に西村氏の『寝台特急殺人事件』の後、ストレートに『ブルートレイン殺人事件』としたポワロシリーズの翻訳本も発行されている。

ともあれ、西村氏の『寝台特急殺人事件』は大ヒット、版を重ねていくことになった。当時、西村氏はすでに小説家として活躍していたが、この作品を機に日本のトラベルミステリーあるいは鉄道ミステリーと呼ばれるジャンルを切り拓いていくのだ。

「西村京太郎『寝台特急殺人事件』／カッパ・ノベルス（光文社）」

ちなみに西村氏の『寝台特急殺人事件』には十津川警部とカメさんこと亀井定雄警察官のコンビが初登場している。寝台特急「はやぶさ」と「富士」を舞台にしたトリックを見破っていくストーリーだ。ここでは１９７６（昭和51）年10月から両列車に連結されるようになったA寝台個室も織り込まれ、読者に新しいブルートレインの姿を見せてくれた。

この『寝台特急殺人事件』は大ヒット、すぐにテレビ朝日系列の『土曜ワイド劇場』でドラマ化され、その後も何度かリメイクされている。数々の作品が映像化され人気となる鉄道トラベルミステリーの躍進はここから始まったのだ。

見るだけで楽しかった図鑑と『ブルートレイン全百科』

並行して図鑑タイプの書籍も相次いで発行されていく。

当時、月刊「鉄道ジャーナル」の編集長だった竹島紀元《としもと》氏の解説による『もっともくわしいブルー・トレイン図鑑』(朝日ソノラマ)、旅行作家・芦原伸《あしはらしん》氏の解説と鉄道写真家・荒川好夫氏の『快走!特急・ブルートレイン』(集英社モンキー文庫)、鉄道工学の専門家で東大工学部教授の八十島義之助《やそしまよしのすけ》氏を監修に据えた『学研の写真図鑑[12]ブルートレイン』(学習研究社)などが続いていく。

1978(昭和53)年に発行された単行本は7種だったが、翌年には一気に倍の14種となった。熱狂していく「ブルートレイン・ブーム」を感じさせる。

この年は月刊「鉄道ファン」でもおなじみの鉄道友の会会員の関崇博《せきたかひろ》氏、鉄道写真家の諸河久《もろかわひさし》氏による『ブルートレイン』（保育社カラーブックス）など大人をターゲットとしたものもあったが、やはり小中学生向けのものが多かった。

なかでも忘れられないのは鉄道友の会東京支部の監修による『ブルートレイン全百科《オール》』（小学館コロタン文庫）である。

1979（昭和54）年発行で、シリーズ名にもあるように文庫サイズの書籍だが、「各巻平均352ページ」を謳う大作。用紙がやや厚めということもあるが、辞書のような手触りだった。

内容は巻頭カラーグラフに続いて、列車編1、列車編2、客車編、機関車編という構成。「列車編1」はブルートレインの運行時刻情報を視覚的に表現したものだが、各駅の発着時刻だけでなく、一般の『時刻表』に載っていない運転停車時刻や通過時刻も明記。さらにすれ違う主要列車の情報も記載してあった。また、列車に乗っている際の日の出・日没のポイントも夏時間と冬時間で示すなど、マニアックな情報が盛り込まれていた。

続く「列車編2」も力作で、誕生から現行まで各列車の歴史が紹介されていた。これは編成の移り変わりを車両形式入りの編成図として紹介するものだったが、牽引する機関車の変化も緻密に記されていた。

例えばブルートレイン第1号となる「あさかぜ」では、東京〈EF58形〉京都〈C62形〉下関〈EF10形〉門司〈C59形〉で紹介が始まっている。その後、山陽本線や鹿児島本線の電化延伸で各機関車の運転区間が変わったり、さらに新型機関車への置き換えも行なわれたりしているが、そのそれぞれの年月日まで記載されているのだ。

『ブルートレイン全百科』／コロタン文庫（小学館）

編成の変化は『時刻表』でもある程度追うことができるが、機関車の変化となるとそうはいかない。これも脱帽に値する情報だった。

また「客車編」「機関車編」では個々の車両の紹介はともかく、車両番号ごとの配置の変遷も盛り込まれていた。

例えば「あさかぜ」だけに使用されたナロネ20形は3両製造されているが、それぞれのメーカーと落成年月、配置区、そして廃車年月も記載されている。所属は当初「東シナ」

だったが、昭和44年3月付けで「南シナ」に変わったとある。

多少の注釈も記載されており、知識のある人には「新製配置は国鉄東京鉄道管理局の品川客車区。昭和44年3月付けで東京鉄道管理局が南・西・北に分離、以降は東京南鉄道管理局の品川客車区配置になった」と読めるのだ。

これがブルートレインの全客車とブルートレインを牽引した全機関車について記載されている。よくぞ限られたページ数の中に盛り込んだと感嘆するばかりだった。

『ブルートレイン全百科』が秀逸の出来だった理由

実は筆者も、発売間もなく立ち寄った書店で偶然に発見した。すでに成人を過ぎており、今さら「コロタン文庫」ではあるまいと思いつつ手に取ったが、その内容に唖然としてすぐ買ってしまったのである。定価580円だった。

家に帰って奥付を見ると、執筆には宮澤孝一氏、三宅俊彦氏など鉄道趣味界の大先輩の名が連なっている。しかも取材協力は、日本国有鉄道本社広報部に始まり、旅客局、運転局、事業局、東京機関区、品川客車区、尾久客車区、日本食堂などとあり、まさに総力取材と絶大な協力のもとに作られたことがわかった。

きっと「ブルートレイン・ブーム」の主役となっていた小中学生も、この本を何度も読み、知識を蓄えながらブルートレインの夢を膨らませていったのだろう。仮に彼らがこの本の隅から隅までを頭に入れていたら、とんでもないマニアが生まれていたはずだ。

ちなみにわが家にある本はすでに製本が崩れ、ページの集合体に近い状態だが、今も本棚の片隅に収まっている。

こうしてブルートレインにあやかる出版物が数多く発行されたが、そのピークは1979（昭和54）年だった。その後は消えゆく国鉄と新生JRをテーマにしたものが花開き、そのなかでブルートレインも新たな脚光を受けていくことになる。

「ブルートレイン・ブーム」の時代に発行された図書 （国立国会図書館の蔵書リストから）

ブルートレイン&スーパートレイン（カード）		二見書房	1978.4
もっともくわしいブルー・トレイン図鑑	竹島紀元 著	朝日ソノラマ	1978.5
ブルートレイン第2弾（カード）		二見書房	1978.8
快走！特急・ブルートレイン（モンキー文庫）	芦原伸 著、荒川好夫 写真	集英社	1978.8
寝台特急殺人事件：長編推理小説（カッパ・ノベルス）	西村京太郎 著	光文社	1978.10
学研の写真図鑑[12]ブルートレイン	監修：八十島義之助	学習研究社	1978.12
ニューブルートレイン（フォト絵本）		小学館	1978
ブルートレイン（ジャガーバックス）	長谷川章、南正時 編著	立風書房	1979.1
ブルートレインと特急電車（こどもカード百科）	説話社 編	実業之日本社	1979.1
ゴーゴートレイン pt.1（ブルートレインあさかぜ）（世界一長い列車写真の本）		朝日ソノラマ	1979.2
ゴーゴートレイン pt.2（ブルートレイン富士）（世界一長い列車写真の本）		朝日ソノラマ	1979.2
ゴーゴートレイン pt.3（ブルートレインさくら）（世界一長い列車写真の本）		朝日ソノラマ	1979.2
ブルー・トレイン：ただ今走行距離1億7500万キロ（コーキ新書）	檀上完爾、辻聡 共著	コーキ出版	1979.3
ブルートレイン（鉄道100選シリーズ：2）（カード）		二見書房	1979.7

ブルートレイン長崎行	阿川弘之、ポール・セルー 著	講談社	1979.7
特急・ブルトレ大百科：特急・ブルートレイン・急行と私鉄のすべて（ナガオカ入門シリーズ）	アイプロダクション 編	永岡書店	1979.8
ブルートレイン（ヤマケイのレイルシリーズ：2）	廣田尚敬 写真	山と溪谷社	1979.10
ブルー・トレイン大カタログ（サラ・ブックス）	岡田徹也 編著	二見書房	1979.10
ブルートレイン全百科（コロタン文庫：22）	鉄道友の会東京支部 監修	小学館	1979.11
ブルートレイン（カラーブックス）	関崇博、諸河久 共著	保育社	1979.12
ブルートレインふじのたび（フォト絵本）		小学館	1979
ブルートレイン北へ還る：長編青春推理（21世紀ノベルス）	辻真先 著	主婦と生活社	1980.3
ブルー・トレイン：夜行列車	前田克也 作	文化出版社	1980.5
走れ！ブルートレイン（こどもポケット百科．てつどうえほん）	南正時 写真と文	実業之日本社	1980.7
ブルートレインおばけ号（水木しげるのおばけ学校）	水木しげる 著	ポプラ社	1980.8
ブルートレインと特急：国鉄特急列車のすべて	関崇博ほか 共著	池田書店	1980.12
ブルートレイン：最新版（こどもポケット百科）		実業之日本社	1981.1
おやすみブルートレイン	松澤睦実 文、木村定男 絵	フレーベル館	1981.4
ブルートレイン全百科 第2版（コロタン文庫：22）	鉄道友の会東京支部 監修	小学館	1981.4
カタログブルートレイン：EL・DLから客車まで完全ガイド（ブルーガイドL．鉄道シリーズ）	真島満秀 カメラ、松尾定行 文	実業之日本社	1981.7
ブルートレイン（小学館こども文庫．特急シリーズ）	真島満秀 写真	小学館	1981.8

廣田尚敬の鉄道写真集３（ブルートレイン・機関車１００）	廣田尚敬 著	講談社	1981.9
しんかんせんとブルートレイン（ひらけ!ポンキッキ写真絵本）		講談社	1981.11
ブルートレイン入門（小学館入門百科シリーズ）	増田浩三 編	小学館	1981.12
はしれブルートレイン（小学館の保育絵本）	保田義孝 絵、五十野惇 文	小学館	1981
ブルートレイン（講談社カラー百科メカシリーズ）		講談社	1982.6
はしれブルートレイン：東に西に日本列島をひた走る特急客車列車		松文館	1982.12
鉄道ターミナル ４（ブルートレイン・私鉄特急）（ソノラマ新図鑑シリーズ）	竹島紀元 著	朝日ソノラマ	1982.12
ブルートレイン（トッパンのカメラえほん）	廣田尚敬 撮影・文	フレーベル館	1982
ブルートレイン殺人事件（新潮文庫）	アガサ・クリスティ 著、中村妙子 訳	新潮社	1983.1
日本の電気機関車：ブルートレインに、貨物列車に活躍する群像		松文館	1983.2
ブルートレイン（パーフェクトシリーズ）		講談社	1983.6
ブルートレインさくらごう（のりものえほん）	中島章作 え、砂田弘 ぶん	小峰書店	1983.6
ブルートレインにのったよ（くもんの学習絵本）	七尾純 構成・文、金森達 絵	くもん出版	1984.3
ブルートレイン（講談社カラー百科、メカシリーズ）		講談社	1984.7
ふたりのブルートレイン（現代の創作幼年童話）	砂田弘 作、高橋透 絵	岩崎書店	1984.7
ブルートレイン（Newレイルシリーズ：２）	RGG 写真、武内豊 解説	山と溪谷社	1984.9

寝台特急殺人事件：長編推理小説（光文社文庫）	西村京太郎 著	光文社	1984.10
特急ブルートレイン名鑑（ファンファン文庫）	宮澤孝一 著	集英社	1984.11
ブルートレイン（こども100科）		講談社	1985.1
やったねとうさん：父と子のブルートレイン冒険列車	三菱電機労働組合通信機支部 著	祥文社	1985.1
ブルートレイン北へ還る（徳間文庫）	辻真先 著	徳間書店	1985.2
ブルートレイン１９８５（カラーブックス）	関崇博、諸河久 共著	保育社	1985.8
ブルートレイン（講談社デラックスカラー百科シリーズ）		講談社	1985.8
ブルートレイン：最新版（講談社カラー百科．メカシリーズ）		講談社	1985.12
ブルートレインの本（ワイド版のりものアルバム）	吉村光夫 文、廣田尚敬 写真	講談社	1986.2
最果てのブルートレイン：急行「天北」殺人事件 トラベル・ミステリー傑作集partⅣ（カッパ・ノベルス）	西村京太郎	光文社	1986.3
寝台特急八分停車（カドカワノベルズ）	西村京太郎 著	角川書店	1986.9
ニューブルートレイン（フォト絵本）		小学館	1986
西村京太郎長編推理選集 第10巻（寝台特急殺人事件．夜間飛行殺人事件）		講談社	1987.1
寝台特急八分停車（角川文庫）	西村京太郎 著	角川書店	1987.5
ＪＲブルートレイン（講談社カラー百科．メカシリーズ）		講談社	1987.8
ＪＲブルートレイン（講談社デラックスカラー百科シリーズ）		講談社	1987.12

ぼくブルートレインにのったんだ（くまたくんのえほん）	わたなべしげお さく、おおともやすお え	あかね書房	1988.1
殺人特急逆転の15分：アリバイが崩れたとき戦慄の真相が！（講談社ノベルス）	峰隆一郎 著	講談社	1988.2
JRブルートレイン（ヤマケイJRブックス：2）	廣田尚敬 写真、JRR 解説	山と渓谷社	1988.10
ブルートレイン（ニューパーフェクト）	栗原隆司 写真、川上直行、ヴィップス 構成・文	講談社	1988.12
ブルートレイン殺人事件（ポプラ社文庫．怪奇・推理シリーズ）	A.クリスティ 作、班目三保 文、村井香葉 絵	ポプラ社	1988.12
ブルートレイン（小学館カラースペシャル．新特急シリーズ）	真島満秀 写真	小学館	1989.1
JRブルートレイン（講談社新カラー百科：18）		講談社	1989.7
寝台特急富士で消えた女：長編本格ミステリー（BIG BOOKS）	草川隆 著	青樹社	1989.7
最果てのブルートレイン：急行「天北」殺人事件 トラベル・ミステリー傑作集（光文社文庫）	西村京太郎	光文社	1989.8
ブルートレイン（ひかりのくにものしり大図鑑：10）		ひかりのくに	1989.11
ブルートレインほくとせい（のりものえほん）	関根榮一 ぶん、横溝英一 え	小峰書店	1989.11
ブルートレイン北斗星：北斗星のすべて（講談社新カラー百科：27）		講談社	1989.11

鉄道模型も「ブルートレイン・ブーム」

ＮゲージやＨＯゲージなどの鉄道模型の世界でも、ブルートレインは格好のモチーフとされ、数多くの製品がリリースされてきた。

この鉄道模型の「ゲージ」とは規格のこと。鉄道模型では縮尺と軌間による規格が決まっており、それに則って製品化あるいは自作することで、誰もが共通の土俵で楽しめるように独自の世界が構築されているのだ。

ちなみに日本でもっともユーザーの多い「Ｎゲージ」は、軌間は９ミリ、日本型車両の縮尺は１５０分の１（新幹線模型は１６０分の１）とするのが基本となっている。また「ＨＯゲージ」は軌間16・５ミリ、日本型車両は80分の１が基本だ。ゲージの呼称については論議も続いているが、本書では便宜的にこの呼称で紹介する。

はじめての模型化は「HOゲージ」だった

最初に製品化されたブルートレインの鉄道模型は、HOゲージの20系客車だった。実物のブルートレインが次々と誕生していた1965（昭和40）年春のことで、発売元は小高模型（現・廃業）だった。

同社はプレスボードと呼ばれる硬質の紙を使ったキット（ユーザーが組み立てる製品）を得意としていたが、この20系客車も同一手法の製品だった。木製の屋根と床板にプレスボードの側板を接着して組み立てる。窓はプレス加工で美しく処理されていたが、流線形となった車端部はプレスボードでは表現できず、ここは真鍮製の別パーツとなっていた。組み立て後の塗装が大変だったが、シンプルな構造で、同社製品に慣れた人（かなり腕の立つ人）だったら難なくこなせるもの。1両分360円というリーズナブルな価格設定もうれしく、多くの人が手にしたはずだ。筆者も中学生時代、挑戦した思い出がある。

続いて同年9月には、カツミ模型店（現・カツミ）から20系客車が発売された。車体は当時のHOゲージ製品で一般的な真鍮プレス製。これを職人がハンダ付けで組み立てた、塗装済み完成品として販売された。中間車は1650円均一だったが、車端部の客車は構造も複雑なために高めで、パンタグラフ付きのカニ22形は3000円だった。窓縁の灰色はひとつずつ色差しされたもので、工芸品的な美しさのある製品だった。

このカツミ模型店の20系客車は、その後形式を少しずつ増やしながら再生産されていく。部分的にリニューアルもされているが、基本はほとんど変わらず、当初の設計とプレス型の素晴らしさがこのロングセラーを築いたのだろう。ちなみにカツミと社名変更された後も20系客車の製造は続いており、今も根強い人気を物語っている。

「Nゲージ」誕生
先鞭をつけた関水金属（KATO）

「Nゲージ」という規格はこの時代に誕生した。日本では「関水金属」が名乗りを上げ、当初は「9㎜ゲージ」と称していた。規格の呼称は「N」と「9㎜」の併記を経て、やがて世界共通の「Nゲージ」に落ち着いていく。

1967（昭和42）年暮れには「あさかぜ形特急用客車」としてナハネ20形とナハネフ23形が登場。この製品は現在の同社製品に通じるプラスチックを多用した塗装済み完成品で、20系客車の魅力がコンパクトに再現されていた。価格は1両650円だった。

1979（昭和54）年に関水金属が出した雑誌広告

1974（昭和49）年には20系客車とその後に製品化されたEF65形、そして線路などをセットにした「Nゲージトレインセット」も発売されている。これが日本初のNゲージ入門セットとなったが、その車両としてブルートレインが選ばれたのは当時の人気製品だったからに違いない。

一方、実物のブルートレインはこの頃から新時代へと入りつつあった。

1972（昭和47）年から14系客車が「さくら」などで本格運用を開始。そして1973（昭和48）年には24系客車、1974（昭和49）年には24系25形客車、1978（昭和53）年には14系15形客車と、次々と新型車両が登場していくのだ。

新型車両登場とともに続々新規参入

新車両の登場に鉄道模型業界も沸き立った。

まず、「カツミ模型店」がトップを切って1975（昭和50）年にHOゲージで24系客車を発売する。20系客車同様、同社らしい手堅い製品だった。

続いて玩具メーカーの「トミー（現・タカラトミー）」が「トミックス」のブランドで

Ｎゲージに参入してくる。鉄道模型業界の重鎮、「トミックス」の誕生である。

その初期の製品として１９７８（昭和53）年にリリースされた24系25形客車がある。この商品は「期待の最新鋭ブルートレイン、新登場！」として同時発売のＥＦ81形機関車（銀色の３００番台）と連結した情景写真をあしらった広告で宣伝され、鉄道模型の夢を大きく開いた。以後、同社の広告には商品写真だけでなく、現在に至るまで情景写真が多用されていくようになった。

この年は各社から次々と新製品が登場した。

これまでＨＯゲージで製品展開していた「エンドウ」が初のＮゲージ製品としてやはり24系25形客車をリリース。この製品は同社のＨＯ製品同様、金属プレス加工の技術によるもので、Ｎゲージとしては珍しい構成だった。

また、発売は１９７９（昭和54）年となったが、「関水金属」からもＮゲージの24系25形客車が発売された。続々と発売されていくブルートレインにＮゲージの愛好者たちはうれしい悲鳴を上げたに違いない。

この頃はＮゲージとＨＯゲージが競い合っていた時代でもあり、「カツミ」の24系客車に続き、ＨＯゲージの製品も多く出された。前述の「エンドウ」は同社初のＮゲージ製品

TOMY MODEL RAILROAD SYSTEM N·SCALE
TOMIX
期待の最新鋭ブルートレイン、新登場!
5月中旬にトミックス24−25系客車が新発売となりました。最新鋭のブルートレインとして、76年10月から東海道・山陽本線などで活躍している国鉄の代表的特急列車です。
模型では実車のもつ流れるような編成美を再現するために特に配慮をしています。もちろん個々の車両のディテールもNゲージとして完成度の高いものです。
なお、今回発売となるのはカニ24、オハネフ25、オハネ25、オシ24の4形式で、オロネ25も追って発売予定です。
●近日発売
車両 113系新快速、415系、EF81−300 24−25系ブルートレイン
レール S99
建物 橋上駅舎、駅前商店セット
アクセサリー 高架橋S99
415系近日発売!!
トミックスの113系をベースとして、415系の登場です。前回の同じく発売予定の113系新快速と同様、塗装には特に神経を使っています。もちろんモハ414のパンタグラフ周辺は、実車の交直両用機器を忠実に再現しております。
EF81−300番代や、24−25系ブルートレインとあわせて、北九州の情景を再現してみませんか。常磐線のイメージならED−75などいかがでしょう。
カタログご希望の方は送料共400円分の切手を同封のうえ下記までお申し込みください。その他の商品の通信販売はいたしておりません。
株式会社 トミー
〒124 東京都葛飾区立石7-9-10
TEL 03(693)1031大代
TOMY
— 9 —

1978（昭和53）年にトミーが出した雑誌広告

を出した後、本道のＨＯゲージで14系15形客車を発売した。これも真鍮製で塗装済み完成品となっている。

また、ＨＯゲージの真鍮製キットを発売していた「フェニックス」からは24系25形客車、14系15形の真鍮製キットが発売された。これはユーザーがハンダ付けで組み立て、塗装して完成となるものだ。さらに「小高模型」も24系25形客車などをラインナップしている。

このほか、当時プラモデルのメーカーとして活躍していた「有井製作所」が80分の１サイズで24系25形客車のプラモデルを発売する。これはそのままＨＯゲージの鉄道模型としても通用する構造で、大ヒットとなる。その後、同社は鉄道模型に本格参入、現在の「マイクロエース」として続いている。

ブームのさなか
こんな会社も模型に参入

さらに「ブルートレイン・ブーム」での鉄道模型業界参入は続く。

ひとつは「エーダイナイン」のブランドで参入した、玩具メーカーの「永大」だ。

同社は１９７９（昭和54）年にＮゲージのキハ58系で販売開始。続いて14系15形客車や

ＥＦ65ＰＦ形電気機関車もラインナップした。残念ながら会社運営が立ち行かなくなり、1年足らずで倒産。その多くの製品は学習研究社に引き継がれた。

実は「学研」こと「学習研究社」も１９７５（昭和50）年からＮゲージに参入していた。同社は０系新幹線でスタート、第２弾はブルートレインとともに人気のある５８３系寝台電車を手掛けていた。ここにエーダイナインから引き継いだ製品で一気にラインナップが広がり、一時期はＮゲージの主力メーカーの一つとして君臨することになった。

ブルートレイン客車に仕込んだスピーカーから機関車の汽笛や踏切音などを鳴らす「ＩＣサウンドシステム」、１組の線路で２列車を独立してコントロールする「ＩＣＳコントロールシステム」なども発売する意欲的な展開を見せたものの、１９８０年代半ばには撤退してしまった。

また、玩具メーカーの「バンダイ」も１９７９（昭和54）年暮れに「ブルートレイン富士」を発売した。これはＮゲージに合わせたプラモデルで、ＥＦ65ＰＦ形、24系25形客車3両セットで定価１０００円というものだった。飾って楽しむ模型だったが、車輪や動力を工夫してＮゲージとして運転した人もいる。

今なお愛される Nゲージのブルートレイン

今、当時のことを振り返ってみると、「ブルートレイン・ブーム」は、鉄道模型に「Nゲージ・ブーム」を引き起こすきっかけになったようにも思う。

１９７９（昭和54）年、日本Nゲージ鉄道模型工業会主催・国鉄後援の「明日へのホビーNゲージ／のびゆく日本の鉄道模型ショウ」が東京の科学技術館で開催され、３日間で３万人近い観衆を集めた。その後、会場を松屋銀座に移し「鉄道模型ショウ」として近年まで毎年開催され、人気を集めていた。

こうして実物が走っていなくても思いを託せる模型の世界では、ブルートレインは今も健在だ。

鉄道趣味誌も次々創刊

ブルートレイン・ブーム以前も数あった鉄道趣味誌

「ブルートレイン・ブーム」の時代、新たな鉄道愛好者の参入を好機として鉄道趣味誌も大きく展開することになった。

「ブルートレイン・ブーム」以前の専門誌としては１９４７（昭和22）年に新１号として創刊した『鉄道模型趣味』を皮切りに、昭和40年代までに『鉄道ピクトリアル』『鉄道ファン』『鉄道ジャーナル』など現在に続く雑誌が誕生していた。いずれも現在も月刊で発行が続く老舗誌だ。さらに１９７１（昭和46）年には『鉄道ジャーナル』の別冊として『旅と鉄道』も創刊。こちらは発行体制を変えながら今に続いている。

また、昭和40年代の「ＳＬブーム」の時代に登場した『蒸気機関車』も忘れられない。これは『キネマ旬報』の増刊として誕生しているが、その創刊には脚本家として同誌に縁のあった関沢新一氏のプッシュがあった。一時は月刊となる勢いもあったが、国鉄無煙化達成の後は先細り、1981（昭和56）年に終刊号を発行して幕を閉じている。

『SLダイヤ情報』から『鉄道ダイヤ情報』に

1972（昭和47）年、SL専門誌として『SLダイヤ情報』も創刊された。これは国鉄の協力を得て制作されたSL撮影に特化した情報誌だった。誌名にあるようにSLの運転時刻を紹介、撮影地などのガイドも織り込まれていた。

『SLダイヤ情報』

発行は『大時刻表』、のちに『JR時刻表』などを手掛ける弘済出版社で、こうしたダイヤや時刻表といった情報の取り扱いは手慣れたものだったと思われる。不定期ながら国鉄のダイヤ改正に合わせて発行が続き、無煙化達成直前の1975（昭和50）年10月に総集編としてピリオドを打った。

この『ＳＬダイヤ情報』は読者に支持され、国鉄のＰＲ誌としても大きな役割を果たしたようだ。そのため、翌年からは『鉄道ダイヤ情報』と誌名を変更して継続された。

ちなみにその創刊号は通巻８号となっているが、これは『ＳＬダイヤ情報』に続く取り扱いとなったためである。のちに撮影ガイドなどに加えて「いい旅チャレンジ２０，０００㎞」キャンペーンの記事なども織り込まれ、国鉄は格好の媒体として活用したようだ。

その後、『鉄道ダイヤ情報』は不定期刊から季刊へとなり、さらに国鉄分割・民営化直前の１９８７（昭和62）年１月号から月刊となっている。21世紀に入ってから弘済出版社と交通新聞社は合併、現在は交通新聞社となったが、今も月刊による発行が続いている。

ブームのなかで創刊
写真に注力した『Railguy』

『鉄道ダイヤ情報』が創刊した年、もうひとつ新たな鉄道誌が創刊している。

Ａ４変形という大判でデビューした『Railguy（レールガイ）』である。当時、Ｂ５判が基本となっていた鉄道誌（『旅と鉄道』はＡＢ判でスタート）のなかでひときわ目立つ存在。

タイトル脇には「鉄道グラフ雑誌」と記され、その編集コンセプトを表していた。組写真によるグラフ、あるいは写真を中心にした鉄道探訪などが続き、鉄道写真を極めようとしていた人々には格好の登竜門となった。

被写体は比較的渋いテーマのものが多かったが、ブルートレイン牽引の電気機関車やディーゼル機関車に切り込んだものもあり、ここでも「ブルートレイン・ブーム」の存在を感じることができる。

当初はオハヨー出版、のちに丸善出版により１９８１（昭和56）年７月号まで月刊で発行されたが、同年後半から季刊となり、版元も青鈴書房に変わった。残念ながら１９８３（昭和58）年春号を最後に休刊となっている。

『Railguy』

『レイル』

〝国鉄デザイナー〟黒岩氏編集懐古趣味的『レイル』

「ブルートレイン・ブーム」が活況を呈した1978（昭和53）年には、『レイル（RAIL）』も創刊された。発行は大判の鉄道写真集などを発行していたプレス・アイゼンバーンことエリエイ出版部。同社は1975（昭和50）年から鉄道模型をメインテーマにした『とれいん』も発行しており、同社2番目の月刊誌となった。

編集は国鉄の車両設計事務所を退職した黒岩保美氏が担当。ニューブルートレインが次々登場していた時代だが、編集方針は鉄道懐古趣味に徹したものだった。B5判の体裁からしても渋好みだったと思う。

ちなみに創刊号の巻頭グラフは、「汽車会社の高田さん」こと汽車製造常務取締役だった高田隆雄氏による「下関行急行７列車」。１９４０（昭和15）年に撮影された３軸ボギーの木造展望車を牽くC53形蒸気機関車だった。機関車の実物は京都鉄道博物館に保存されているが、その現役の姿など筆者にとっても神代の話。食い入るように眺めたものだ。

また、表紙写真は鉄道写真家の廣田尚敬氏が担当していたが、これも渋いテーマを斬新に切り取る独特なテイストで選ばれていた。

写真を始めた子どもたちを魅了『マイ・レイル』

『レイル』は同年４月号が創刊号となったが、同年７月には姉妹誌として『マイ・レイル(myrail)』も創刊される。こちらは『レイル』とは正反対、ニューブルートレイン世代の若者をターゲットにした編集で、判型もA４変形判と大判になっていた。

廣田尚敬氏は『マイ・レイル』でも活躍、「カラー風土記」と題する巻頭グラフで国内各地の鉄道の魅力を紹介する一方、「青い騎士登場」などブルートレインをモチーフにした作品も発表していく。さらにのちに〝動止フォト〟と呼ばれる大判カメラによる流し撮り

『マイ・レイル』

作品は、折り込みのジャンボピンナップとして『マイ・レイル』の大きな目玉となった。

『マイ・レイル』では気軽に応募できる読者写真の紹介にもページを割き、これが「ブルートレイン・ブーム」で写真を撮るようになった小中学生に受けた。最盛期は毎月の締め切り日になると、段ボール箱一杯になるほどの写真が集まったという。

その後、1979(昭和54)年4月号から『レイル』と『マイ・レイル』を合併した『レイルー myrail』に模様替えされて発行されるようになる。経営上の判断もあり、判型もB5判となった。小中学生に人気のあった投稿写真の「マイ・レイル・アルバム」は継続されたが、カラーからモノクロページとなって人気は途絶えてしまう。

結局、合併スタイルは同年9月号で終了。10月号からは『レイル(The Rail。ロゴは「THE rail」)』として再出発することになった。ただし、この形態も長くは続かず、1980(昭和55年)4月号が月刊誌として最後の発行となった。

なお、その後も『レイル（The Rail）』は『とれいん』増刊などのかたちでたびたび発行される。内容は当初の『レイル』を引き継ぐものが多かったが、判型もさらに変わり、単行本のようなスタイルになった。

生まれては消えていった鉄道趣味誌が遺したもの

こうして「ＳＬブーム」から「ブルートレイン・ブーム」の時代、写真集のような単行本だけでなく、定期的に刊行を続ける新しい鉄道雑誌も創刊していった。

もちろん、ブームによって急激に増えた鉄道愛好者をターゲットと見込み、出版の契機と捉えた経済的な面も否定できないが、今までになかった鉄道趣味の楽しみ方を見せてくれたのも事実だ。残念ながら『Railguy』や『マイ・レイル』のように１９８０年代初頭に終焉を迎えてしまったものもあったが、これらの雑誌をきっかけとして鉄道に興味を抱いた人も多かったに違いない。新たな鉄道愛好者の誕生である。

インターネットによる情報交換が始まる前、特に趣味の分野において、こうした雑誌メディアの担う役割は、現在よりもはるかに大きかった。

第4章

ブルートレインのラストステージ

1970〜1980年代を支えたブルートレインの機関車

1970年代後半から始まった「ブルートレイン・ブーム」の絶頂期、東海道・山陽本線でブルートレインの先頭に立っていた電気機関車がEF65P形（500番台）からEF65PF形（1000番台）に置き換わった。

このPF形はEF65形グループのなかで耐寒・耐雪構造を強化、重連運転にも対応する機関車とされているが、長期にわたるEF65形製造のなかで技術的なマイナーチェンジを行ない、いわばEF65形の決定版ともいえる存在だった。運転や保守の取り扱いも優れ、1970（昭和45）年から「あけぼの」や「彗星」で使用を開始していたが、1978（昭和53）年には東海道・山陽本線のブルートレインを担当していた東京機関区と下関運転所での導入が始まり、7月末から10月ダイヤ改正にかけて置き換えが進んだ。

これは「ブルートレイン・ブーム」下の大きな話題となり、ブームを加速させることになった。

それから7年後の1985（昭和60）年3月改正、今度はEF65PF形からEF66形に置き換わった。この機関車は高速貨物列車用に開発されたもので、それまで旅客列車の牽

左からEF65形500番台「あさかぜ」 EF65形1000番台「さくら」 EF66形「富士・はやぶさ」

引に使われたことはなかった。さらにそのスタイルは、貨物列車用としてはもったいないほど力強く、かつスピード感にあふれた洗練されたもので、ブルートレインの牽引機としてマッチするものだった。

　すでに「ブルートレイン・ブーム」はピークを越えた感もあったが、このＥＦ66形起用はＥＦ65ＰＦ形起用よりもインパクトのある出来事で、ブームを再燃させるような動きを見せたのだ。

機関車の置き換えに見える国鉄の事情

　一方、国鉄の事情からみると、ＥＦ65ＰＦ形の起用とＥＦ66形の起用は意味合いが大きく異なっていた。

前者は、より優れた機関車が開発され、その増備も進んだことからブルートレインへの起用を拡大したものだった。

後者は、ブルートレインに「ロビーカー」を増結することでＥＦ65ＰＦ形では牽引力が不足した。そこでより強力なＥＦ66形を起用するというものだった。ちなみにこの時はブルートレイン用のＥＦ66形が増備されたわけではなく、貨物用からの転用だった。ともに改善策としての起用だが、後者の場合、新たに登場した「ロビーカー」がキーワードとなる。

ブルートレインは、１９７５（昭和50）年の山陽新幹線全通、１９８２（昭和57）年の東北・上越新幹線開業により運行体制を再編してきた。具体的には新幹線を軸とした昼行特急を増やし、そのぶん、需要の減ったブルートレインなどの夜行特急を整理したのだ。

輸送需要に合わせて運行本数を減らし、余剰となった車両を活用する形で新たなブルートレインを設定したり、夜行急行にもブルートレイン用寝台車を転用したりするようになった。さらにＢ寝台では3段式から2段式に変更、居住性の改善も進めた。当然のことながら1両あたりの定員は減少するが、これも輸送需要に見合ったものでもあったのだ。

こうした改変にも関わらず、ブルートレインの利用者は減少していった。

国会を通す必要があった国鉄の運賃改定

理由の一つは１９７０年代半ばから国鉄晩年にかけて運賃や料金の改定が度重なったことにある。

国鉄は１９６４（昭和39）年度に単年度収支で８３００億円の赤字となった。当初は繰り越し利益でカバーしたが、１９６６（昭和41）年度決算で完全な赤字に転落してしまう。その状況をなんとか改善すべくさまざまな合理化も図っていたが、その一方で運賃や料金の値上げによって収支のバランスをとることも考えた。

第３章でも少しふれたが、国鉄の運賃および料金は国鉄自身が自由に設定できるものではなかった。基幹となる運賃は国会の承認が必要だった。その上で運輸大臣（現在の国土交通大臣に相当）が認可する方式だった。また、料金は国鉄が骨子を作成、これを運輸大臣が承認した。

しかし、これでは思うような運賃改定、すなわち値上げはできず、１９７７（昭和52）年12月には「国有鉄道運賃法」の緩和法案が議決される。この法律により、国鉄では物価等の変動による経費増加見込額を限度として運賃を設定、それが運輸大臣の認可を受けられれば運賃改定ができることとされた。

1970年代に何度も実施されたのが料金改定で、1970年代後半からは運賃と料金がセットで改定されるようになる。

この度重なる運賃と料金の改定により、国鉄からの利用者離れが起こる。この間、値下げ改定も一度行なわれているが、これは利用者離れに慌てた対症的な策で、基本は値上げだった。当然、国鉄側も値上げすれば利用が減ることは想定していたが、値上げ幅で減少分をカバーできると踏んでいたのだ。しかし、事態は国鉄の予想を上回った。

10年で3倍以上になったブルートレインの寝台料金

ちなみにブルートレインの利用には、「乗車券」(運賃)と「寝台特急券」(特急料金+寝台料金)が必要となる。

「ブルートレイン・ブーム」となった国鉄晩年、運賃や特急料金も値上げとなったが、特に寝台料金の値上げ幅は大きかった。

1974(昭和49)年に導入が始まった2段式のB寝台は当初1900円だったが、

1975（昭和50）年11月には3000円、翌1976（昭和51）年11月には4000円となった。さらに1978（昭和53）年10月には4500円、1981（昭和56）年4月に5000円、1982（昭和57）年4月に5500円、1984（昭和59）年4月には6000円となってしまう。わずか10年足らずで3倍になってしまったのだ。

ちなみに東京の新橋界隈の日本観光旅館連盟の一般的な旅館で見ると、1974（昭和49）年頃は一人一泊2500～3500円、1984（昭和59）年頃は4000～7000円と2倍ぐらいに値上がりしている。

両者の価格を比較すると、当初、旅館より安く泊まれたブルートレインだったが、10年間で旅館並みか旅館以上の価格となってしまったのだ。

寝ている間に目的地に移動できる便利なブルートレインだったが、さすがにこの値上げによる影響は大きく、乗客のブルートレイン離れが進んでしまうのだ。

国鉄晩年の運賃・料金改定

改定年月日		改定内容	初乗り運賃	寝台料金（客車B寝台の例）
1974（昭和49）	4.9	寝台料金改定	30円	3段式上中1300円・下1400円、2段式上下1900円
	10.1	運賃・料金改定		
1975（昭和50）	3.10	料金改定		
	11.20	料金改定		3段式上中下2000円、2段式上下3000円
1976（昭和51）				
	11.6	運賃・料金改定	60円	3段式上中下3000円、2段式上下4000円
1977（昭和52）	9.20	料金改定（A寝台料金のみ値下げ）		
1978（昭和53）	7.8	運賃改定	80円	
	10.1	料金改定		3段式上中下3500円、2段式上下4500円
1979（昭和54）	1.1	通学定期割引率改定		
	5.20	運賃改定	100円	
1980（昭和55）	4.20	運賃・料金改定		
1981（昭和56）	4.20	運賃・料金改定	110円	3段式上中下4000円、2段式上下5000円
	7.1	通学定期割引率改定		
1982（昭和57）	4.20	運賃・料金改定	120円	3段式上中下4500円、2段式上下5500円
	9.1	通学定期割引率改定		
1983（昭和58）				
1984（昭和59）	4.20	運賃・料金改定	130円※	3段式上中下5000円、2段式上下6000円
1985（昭和60）	4.20	運賃・料金改定	140円※	
	9.1	通学定期割引率改定		
1986（昭和61）	9.1	運賃・料金改定		

※国電区間（東京・大阪近郊の電車特定区間）は120円

道路網の整備と
ライバル・高速バスの増加

さらに1980年代に入ると高速夜行バスも増えてくる。

日本の高速自動車道は、1965（昭和40）年に名神高速道路が全通、1969（昭和44）年に東名高速道路が全通と、鉄道整備に比べてやや遅れをとっていたが、その後、全国各地で急速に建設が進み、1982（昭和57）年には中央自動車道、1983（昭和58）年には中国自動車道、1985（昭和60）年には関越自動車道も全通、さらに東北・北陸・九州など主幹路線が次々と建設されていった。

こうした高速自動車国道の整備に合わせて高速バスや高速夜行バスの路線が続々と誕生していったのである。

その運賃はおおむね国鉄の運賃と同じレベル。しかも所要時間は国鉄の普通列車を上まわるケースも多く、強力なライバルとなったのだ。

さらにブルートレインで比べてみると特急料金と寝台料金が加算される。単純に価格だけで比較すると高速夜行バスに大きく水をあけられることになった。

国会で討論され、あわや
ブルートレイン廃止に？

利用者の国鉄離れは、ブルートレインだけでなく、国鉄の稼ぎ頭となる新幹線やそれを基軸に在来幹線に拡げられた昼行特急でも現れた。

国鉄の値上げではるかに高額と思われていた空路との価格格差が縮まり、区間によってはほとんど差がない状態になってきた。さらにこの時代は地方空港の新設や整備も進められた。新たな空路が設定され、ジェット化も進み、その輸送力は拡張していく。

結果として国鉄から空路にシェアが移るのも当然の成り行きだった。

こうして国鉄の赤字は減るどころか増え続けていくことになる。

これは国にとって大きな問題となり、最終的に国鉄再建のための分割・民営化に進むことになるが、それまで手をこまねいていたわけではない。例えば、赤字額の多い路線を「特定地方交通線」と定め、その廃止を進めた。また、１９７９（昭和54）年には経費節減のための夜行旅客列車の廃止まで検討されている。

当時の状況を同年６月５日の「参議院運輸委員会」議事録から拾ってみよう。

口火を切ったのは、元「漫画トリオ」の横山ノックこと山田勇氏だった。

「夜行列車の効率が悪いということでその縮小、廃止が国鉄再建の一環としましして取り上げられておりますが、具体的にはどう取り組んでいくんでしょうか。効率の悪い列車をある程度削減するのもやむを得ないかもしれませんが、ブルートレインなどといいまして、愛称で非常に親しまれておる夜行列車もございます」

これは当時の運輸省から出た検討課題の審議だったが、これに対して第一次大平内閣の運輸大臣を務めていた森山欽司氏が答弁している。

「東京～西鹿児島でございましたか、直通特急列車があるが、そういう汽車は本当に必要なのかと。（中略）せっかく新幹線ができたわけでございますから、朝早く乗っていただいてそして博多から鹿児島までの特急列車をつくれば同じ目的を達成するのではないかと」

一方、「私がそういう口火を切ったものですから、そういうしり馬に乗ったような形で夜行列車全廃論が出てまいっておるわけでございますが、このことは国鉄当局で検討してもらいたい」として、新幹線未開業の区間での夜行列車廃止を直ちに進める考えではないと逃げも打っている。

この委員会には国鉄当事者も出席しており、高木文雄国鉄総裁が答弁している。前年10月改正で関西～九州間のブルートレイン3往復などを廃止、様子を見ているとしたうえ

1980年、国会に立つ高木総裁

で、「夜行列車をうまく使って宿泊費その他が少なくて済むということで、会議等にお集まりになるのについて夜行列車を絶えず使っていらっしゃる方もございます（中略）需要に合った形で減らしていきたい」としている。

　高木氏はブルートレインの価値を評価したうえで、国鉄全体の再建を目指していたと思われる。実際、ブルートレインを削減したところで国鉄全体としてみれば大した合理化にはならず、全国一律だった国鉄運賃を輸送密度によって幹線と地方交通線に区分、それぞれに見合った価格への移行を進めていた。これは高木氏の国鉄総裁退任後に実現した。

国鉄再起の希望となった
ブルートレイン

国鉄離れ、そしてブルートレイン離れが進むなか、列車の運行に携わる人々はその対策をどうにか見出そうとしていたに違いない。

運賃や料金の設定を受け入れたうえで、需要を維持していくためには、さらなる営業努力が必要となった。先述の参議院運輸委員会で山田勇氏は「今後この夜行列車の乗客に対するＰＲは?」とも質問している。この委員会での明瞭な回答はなかったようだが、これは重要な課題だった。

ブルートレインの価格に対するメリットや快適性をＰＲ、さらには新たな魅力を創生して、利用者を呼び戻すことを考えていたのである。

そんななか、国鉄の予期せぬかたちで始まった「ブルートレイン・ブーム」は国鉄にとって願ってもない追い風だった。そこでヘッドマークやトレインマークの魅力も再認識し、全国展開をはかっていく。

新たな魅力・ロビーカーをどうやって牽引する？

B寝台を3段式から2段式にすることで居住性も改善したが、さらなる魅力の創生として試みられたのは「ロビーカー」だった。

ブルートレインの場合、どうしても車内で過ごす時間が長くなる。就寝中は自分の寝台にいればいいが、起きている時間もある。日中の寝台は座席として使え、通路には折り畳み式の座席も用意されていた。列車によっては食堂車もあったが、さらなるくつろぎの場としてソファーなどを備えたフリースペースのロビーカーを連結するアイディアが生まれた。

財政状態を考えれば車両を新造する余裕はなく、これはオハネ14形などの余剰車を改造することでまかなうことになった。寝台を撤去して広々とした空間をつくり、ここにソファーを配置した。さらにバーカウンターも用意し、新たなサービスの可能性も模索した。

こうして完成したロビーカーは、東京〜西鹿児島間を結んでいた「はやぶさ」から起用されることになった。

当時の「はやぶさ」は24系25形客車を使用、電源車を合わせて14両編成で運行されていたが、ここにロビーカーを連結すると15両編成となる。東京〜下関間はEF65PF形が先頭に立っていたが、15両編成となると牽引力が不足してしまう。運転できないわけではないが、加速が下がり、勾配区間での速度も落ちてしまう。所要時間が増えてしまっては本末転倒だ。

そこで重連運転可能なEF65PF形の特性を活かした重連運転も検討されたが、これでは出力が過剰で、電気の供給施設にも余計な負担となる。

かくして高速貨物用の強力機EF66形の起用となったのだ。

ただし、そこには国鉄貨物輸送の花形となっていた高速貨物列車の需要も落ち込み、EF66形が余剰気味だったという事情もある。

「はやぶさ」のロビーカーは、1985（昭和60）年3月改正から始まり、合わせて東京発着ブルートレインのEF66形化も進められた。ほかの列車はEF65PF形のままでも運用できたが、機関車を統一することで運用は合理化され、また余剰となっていたEF66形を無駄なく使えるという意味もあった。

ダイヤ改正からしばらくして「はやぶさ」に乗車、ロビーカーも利用してみたが、ゆと

「はやぶさ」のロビーカー。著者撮影

りある旅の演出には効果があったと思う。ただし、実際の利用率となると、疑問が残った。

多くの乗客はロビーカーを夕食や朝食として駅弁を食べるスペースとして使っていた。寝台兼用の座席では、見ず知らずの人と向かい合わせになることもあり、そこでの食事はとりにくかった。こんな時にロビーカーはありがたかったが、食事が終わればすぐ自分の寝台に戻っていってしまった。食後もロビーカーに滞留しているのは、熱狂的なブルートレイン愛好者か飲酒を楽しむグループぐらいだった。

また、当時の「はやぶさ」は編成の半分を熊本駅で切り離していたが、ロビーカーが組み込まれていたのは食堂車とともに東京〜熊本間の編成内。日中の時間帯となる熊本〜西鹿児島間には連結されていなかった。

西鹿児島まで連結するには運用上さらにもう1両のロビーカーが必要になるので、それを用意するまでには至らなかったのだろう。

なお、翌年11月からは東京〜宮崎間の「富士」にもロビーカーが連結されるようになった。ただし、こちらも大分駅で切り離す編成側に組み込まれていた。

4名用は使いにくかった？「カルテット」

ロビーカーと前後してB寝台4人用個室「カルテット」も登場した。これは普通の開放式B寝台に通路と仕切る扉を付けたもの。比較的安易な改造でつくることができ、1984（昭和59）年7月から「さくら」「みずほ」の開放式B寝台車1両を置き換える形で導入された。その後、「あさかぜ1・4号」にも組み込まれ、B寝台の個室としては目新しいサービスだったが、4人1組で使わねばならず、これもあまり振るわなかったようだ。

JR化後、同様の設備が「Bコンパート」として導入されたが、これは4人での利用がない時は、扉を開いた状態で固定、一般の開放式B寝台と同じに使えるものだった。確かにこの方がフレキシブルに使え、合理的だった。

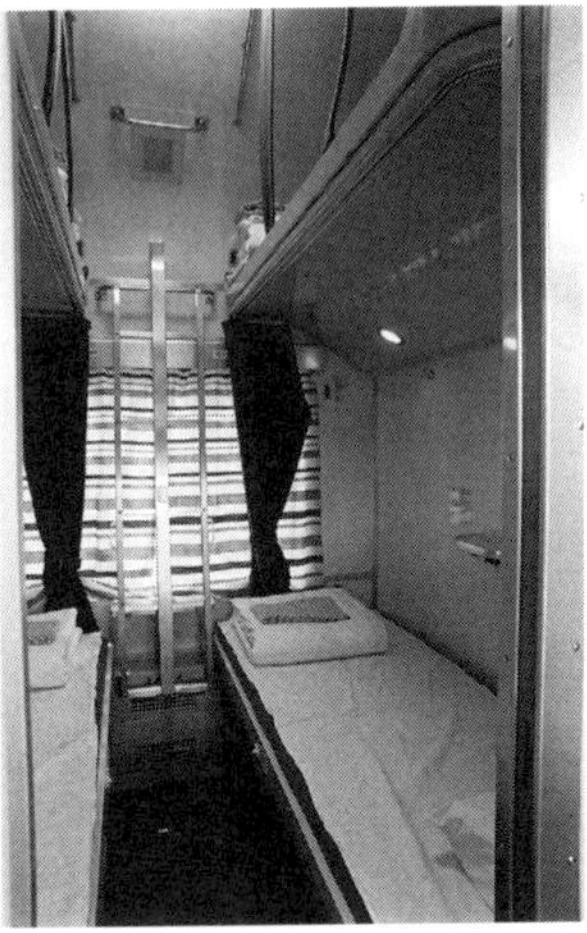
座席状態と寝台状態のカルテット

このあたりから個室寝台の模索が始まり、国鉄晩年からJR初期にかけて次々と新しいサービスが登場していく。ブルートレインの再生にかける大きな動きが始まった。

1987(昭和62)年にはB寝台2人用個室「デュエット」が開発され、国鉄の分割・民営化を直前に迎えた3月14日から「あさかぜ1・4号」に組み込まれた。これは「カルテット」に比べて大掛かりな改造となったが、上段室では屋根の肩にかかった曲面窓も斬新で、新たな人気個室の前例となった。

この「あさかぜ1・4号」では直前に先述の「カルテット」も組み込み、さらに食堂車はいわゆる「星空バー」「オリエント風」と内装を一新、シャワー室も設置された。明日のブルートレインを目指すモデル列車として国鉄の置き土産になったのである。

国鉄分割・民営化でも運行を続けたブルートレイン

１９８７（昭和62）年３月31日、日本国有鉄道はこの日をもって分割・民営化を迎え、翌日から地域ごとの旅客会社、そして貨物会社などＪＲグループとして運営されることになった。

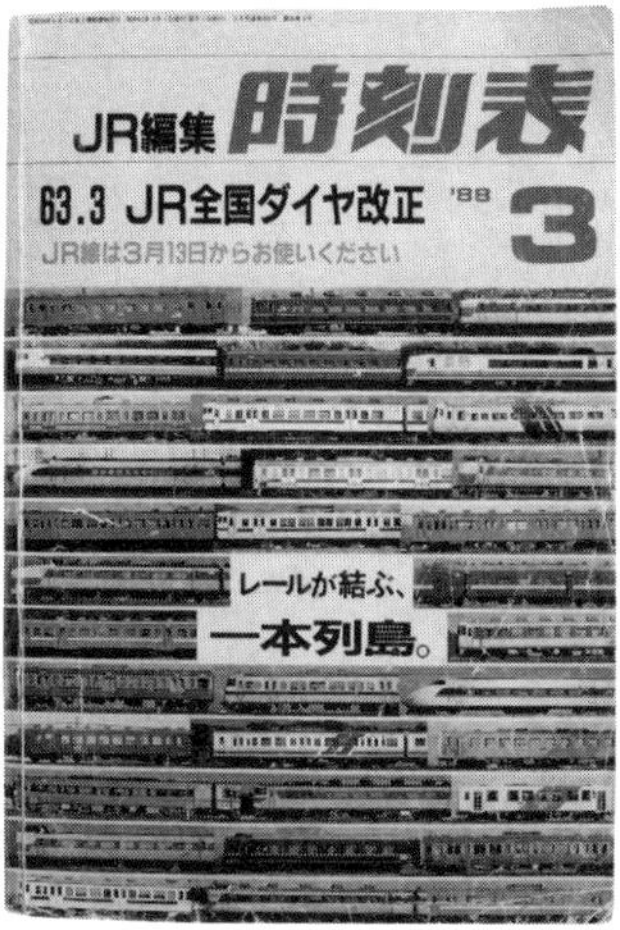

『JR編集時刻表』1988年3月号の表紙にもキャッチコピーが謳われている

夜を徹して走るブルートレインは、この日、走行中に分割・民営化の瞬間を迎えたが、いつもと変わらぬ普段通りの姿で目的地へと到着している。その後、徐々に客車や機関車にＪＲマークが施され、また乗務員の制服なども新たなＪＲのものへと変わっていった。

ブルートレインにとって新たな時代を拓

くきっかけとなったのは、1988（昭和63）年3月13日の青函トンネル開業だった。翌月の4月10日には瀬戸大橋も開業、これにより日本の鉄路が北海道から九州、四国までひとつに結ばれた。JRグループでは「レールが結ぶ、一本列島。」をキャッチコピーとした大規模なダイヤ改正を実施、JR時代の本格的な幕開けとなったのだ。

JRの新しいブルートレイン「北斗星」の誕生

この青函トンネル開業を象徴するように上野〜札幌間を直通する新たなブルートレインが設定された。国鉄から引き継いだ24系25形客車を使用した「北斗星」である。

この列車には、これまでブルートレインの特性として唱えられていた「寝ているうちに目的地に到着する」ことではなく、「列車の旅を楽しむ」といった新たな魅力が明確に織込まれた。すでに東京〜北海道間の移動は空路が高いシェアを占め、これまでの手法では鉄路が太刀打ちできるものではなかった。そこで鉄道ならではの魅力を最大限に打ち出し、ブルートレインの未来へと希望を託したのである。

「北斗星」で象徴的だったのは、さまざまな個室を組み込み、そして車内での食事の時

雪の中行なわれた「北斗星」の落成出場式

間も重要な楽しみとして昇華したことだ。

個室はシャワー付きのA寝台1人用個室「ロイヤル」を筆頭に、2人用「ツインデラックス」、さらにB寝台1人用「ソロ」、2人用「デュエット」が組み込まれた。

「ロイヤル」は追加料金により2人でも利用できるゆとりがあり、発売と同時に大人気の個室となり、1列車に2室しかなかったこともあり、なかなか予約の取れないプラチナチケットとなった。

また、「北斗星」で初めて起用された「ソロ」も大人気となった。価格は開放式B寝台と同額(「デュエット」も登場以来、2人分と同額だった)で、リーズナブルなイメージを持たすことにも成功したようだ。その後、「あけぼの」「北陸」「あかつき」「はやぶさ」「富士」などに広がっていく。

高級感を打ち出した豪華寝台特急として成功

また食事は「グランシャリオ」と命名された食堂車で供された。ディナーについては事前予約制とされ、開業時7000円したフランス料理が目玉となった。高級レストラン並みの価格だったが、流れゆく街の光を眺めながらの食事は列車食堂ならではの魅力となり、これも予約が取りにくい状況が続いた。なお、24系の食堂車はすべて運用に入っており、「北斗星」にまわすことはできなかったため、特急形電車の食堂車を改造して組み込んでいる。

さらに青函トンネルを通過するシーンも「北斗星」には欠かせない魅力となり、編成に組み込まれたロビーカーでは深夜帯でも乗客の熱気がこもった。

いつしか「北斗星」はマスコミに「豪華寝台特急」と呼ばれるようになり、ブルートレインの新たなページを開いたのである。

「北斗星」の成功は、翌年に臨時列車として大阪〜札幌間を結ぶようになった「トワイライトエクスプレス」の設定へと進んだ。これも24系25形客車を活用したものだったが、

食堂車「グランシャリオ」

「北斗星」以上に手を加えたものとなり、車体色も濃緑に黄色のラインとなった。もはや「あさかぜ」で始まったブルートレインから離れつつあり、さらに1999（平成11）年には「北斗星」の姉妹列車として新造E26系客車による「カシオペア」も登場した。

安価な移動手段としては生き残れなかった列車たち

こうしてブルートレインは進化しながら新たな列車の旅を模索していった。

一方、従来スタイルの延長で運行を続けたブルートレインは、ますます高速夜行バスとのし烈な競争が続いていく。一度、設定されていた寝台料金を大きく値下げすることはできず、ここでは

「レガートシート」「ゴロンとシート」といった寝台料金ではなくリーズナブルな指定席料金で利用できるサービスも導入された。実際、これらは多くの支持を受け、活況を呈することもあったが、全体像としては頭打ちになっていた。

結局、車両の老朽化もあり、ブルートレインは次々と引退していったのである。

かくして東京発着のブルートレインは、２００９（平成21）年3月改正で最後まで残っていた「はやぶさ」「富士」の運転が終了して全廃。唯一の例外はブルートレインとはいわないが、電車寝台化された「瀬戸」「出雲」で、これは１９９８（平成10）年7月10日から「サンライズ瀬戸」「サンライズ出雲」として現在も走り続けている。

また、上野発着の一般のブルートレインとして運行が続いていた「あけぼの」も２０１４（平成26）年3月改正で定期運行を終えてしまった。その後も「北斗星」が定期運行を続けたが、北海道新幹線開業による青函トンネルの利用方法が変わることから、翌年3月で定期運行を終えている。

こうしてブルートレインは日本の鉄道から消えてしまったのである。

終章

ブルートレイン・レガシー

「ブルートレイン・ブーム」の功罪

空前のブームが収束した理由は？

「ブルートレイン・ブーム」は、「ＳＬブーム」の終焉からほどなくして起こり、国鉄晩年にかけてその熱狂ぶりは収束していった。筆者の実感ではブームとなっていた期間は１９７７（昭和52）年頃〜１９８５（昭和60）年頃の間といえようか。

もっとも「ブルートレイン・ブーム」が収束していったといっても、「ＳＬブーム」のように対象となる列車が消滅してしまったわけではない。ブルートレインは数を減らしつつあったが、まだちゃんと運行を続けていた。現役で活躍を続けるブルートレインに対する興味が一気に失せていったということも考えにくい。

また、本書の随所で触れてきたが、国鉄自体も「ブルートレイン・ブーム」を増収の契機と捉え、乗客はもとより、鉄道愛好者向けにもさまざまな施策を試みている。全国各地で始まったブルートレイン牽引機のヘッドマーク復活など、その最たるものだろう。

しかし、「ブルートレイン・ブーム」の勢いは確実に衰えていった。移り気な人々をずっと取り込んでおくことは難しかったのだろうか。

筆者はこの動きをブルートレインの魅力がなくなったのではなく、この時代には鉄道愛好者の興味を引く対象が次々と現れ、その視線を向ける先が分散していったのではないかと思っている。つまり、鉄道愛好者の総数はさほど変わらなくても、魅力的な対象が二つあれば嗜好も分かれ、対象あたりの数はどうしても減ってしまう。これにより目立っていた熱狂者も分散されて、目立ち方がおとなしくなったという考え方だ。

例えば「ブルートレイン・ブーム」の兆しが感じられた1978（昭和53）年10月改正から、昼行特急のトレインマークがイラスト入りになり始めた。この施策は「ブルートレイン・ブーム」の後押しにもなったが、一方では興味の対象がブルートレインのみならず、トレインマーク全体に大きく広がっていった。

車両も路線も整理対象
目が離せなかった国鉄末期

さらに国鉄晩年にかけてさまざまな体制の改革も進められた。

一つは蒸気機関車に続く旧型車両の刷新だ。茶色のデッキ付き電気機関車が引退していく。並行して青い流線型の車体で人気のあったEF58形も急速に数を減らしていく。地方のローカル線で生き残っていた旧型国電も終焉を迎えた。飯田線で人気のあった「流電」ことクモハ52形は1978（昭和53）年で引退となったが、その代替えとして導入された元祖「湘南電車」として知られた80系も1983（昭和58）年で引退となっている。

それに代わる新型車両の開発も進められたが、鉄道愛好家の心理としては「なくなる前に見ておきたい」「写真に撮っておきたい」となる。今では「葬式鉄」なる言い方もされるが、彼らは引退車両を追うことで精一杯。新型車両はいつでも乗れる、撮れると後回しにされがちだった。

また、赤字ローカル線の処遇も急速に進んだ。それまでにも赤字で廃止された路線は単発的にあったが、多くは政治の力もあって生き延びていた。しかし、国鉄の経営状態がいよいよ危機的状況になり、ついに1980（昭和55）年には「日本国有鉄道経営再建促進特別措置法」（略称「国鉄再建法」）が施行され、国鉄線の仕分けが始まった。ここで「特定地方交通線」に指定されると、その路線の国鉄としての運行は終了となる。沿線の人々が公共交通として残すことを希望するのであれば、別組織による鉄道継続、あるいはバス

まさにブーム。1978（昭和53）年東京駅にて。桟敷勇次郎撮影

幸福駅のあった広尾線も1987（昭和62）年に廃止に。著者撮影

に転換することが迫られた。

これまでは沿線の人々が反対すれば、なんとか廃止を免れたが、今度ばかりはそうもいかなかった。廃止と転換の実務は路線ごとに異なったものの、1983（昭和58）年10月の白糠線（北海道）を皮切りに次々と廃止されていった。

ここでも「鉄道が残っているうちに乗っておきたい」「見ておきたい」という動きが始まった。

見納め、乗り納めにも使われた「いい旅チャレンジ20，000㎞」

この「国鉄再建法」施行直前の1980（昭和55）年3月15日、「いい旅チャレンジ20，000㎞」という国鉄のキャンペーンが始まった。当時、国鉄として運営されていた全242路線、営業キロにして2万キロ強となる国鉄全旅客営業鉄道路線の完乗を目的とするものだった。国鉄の存続が危ぶまれているなか、こんなキャンペーンはないだろうという意見もあったそうだが、「増収をはかるために乗っていただく」という大義名分もあり、キャンペーンはスタート、そして順調に進んでいった。

そんな時に「国鉄再建法」が可決され、「特定地方交通線」による廃止への道筋がつけられた。廃止路線の「葬式鉄」は「いい旅チャレンジ20，000km」に後押しされるかたちで全国を行脚することになるのだ。そこまで狙ったとは思いたくないが、これほど相乗効果が際立ったキャンペーンは珍しい。ちなみにキャンペーンは10年間続き、終了時点でのＪＲ線の数は１６７路線となっていた。

国鉄晩年に熱狂を招いた「ブルートレイン・ブーム」は多くの種を残した。ブルートレイン熱狂者は減ってしまったが、さまざまな視点から鉄道に興味を抱く愛好者は存続した。ブルートレインでこの道に踏み込んだとしても、一度でも鉄道の面白さを知ってしまったら、簡単に興味を断ち切れるものではない。

あの頃を思わせる人気ぶり
ＪＲ時代のブルートレイン「北斗星」

そして時代は国鉄からＪＲへと変わっていく。

分割・民営化ということでブルートレインのような会社の管轄を越えて運行される列車

の存続は危ぶまれたが、とりあえず移行直後は国鉄時代と変わらぬ運行体制を続けた。

1988（昭和63）年3月、このダイヤ改正の象徴として上野〜札幌間では寝台特急「北斗星」が運行されるようになった。

マスコミから「豪華寝台特急」とも呼ばれた「北斗星」は、新時代への挑戦ともいえる新たなブルートレインとして人気を博した。当初、定期2往復、臨時1往復という運行だったが、利用者が引きも切らず、やがて定期3往復、さらに臨時も設定するといった盛況を見せるのだ。かつての「ブルートレイン・ブーム」を彷彿とさせるような「北斗星」人気となり、上野駅などには発着シーンを眺めて楽しむ人の姿も見かけるようになった。

なお、瀬戸大橋の開通では東京〜宇野間で運転されていた寝台特急「瀬戸」が、四国の高松まで足を延ばすようになった。これも四国連絡のブルートレインが誕生したということでは大きなニュースではあったが、「北斗星」に比べたらどうしても地味な存在だった。

ブルートレインを継ぐ深緑の列車「トワイライトエクスプレス」

この「北斗星」の成功は、ＪＲ各社にとって明るい大きな話題となった。

そして翌年7月には「北斗星」を上まわる豪華な編成を使った大阪～札幌間の「トワイライトエクスプレス」が誕生する。車両はブルートレインと言い難い深緑を基調にしたものだったが、基本的には「ニューブルートレイン」として活躍してきた24系25形客車を改装したもので、心情的にはブルートレインとして扱いたいものだ。

この「トワイライトエクスプレス」に触れていくうちに今までのブルートレインとは別の魅力に気づかされた。

例えば道中の北陸本線の敦賀～富山間。ここでは「雷鳥」「しらさぎ」、のちには「サンダーバード」などの特急が頻繁に行き交っている。これは最高時速130キロとなる足の速い電車特急だ。一方、機関車牽引の客車列車である「トワイライトエクスプレス」は最高時速110キロ止まり。同じ路線を走っているとどうしても追いつかれてしまい、途中で電車特急に道を譲ることになるのだ。

「トワイライトエクスプレス」も特急なのだが、特急に抜かれてしまうのだ。運行の歴史のなかで変化はあったが、時には複数の列車の追い抜き待ちなんてこともあった。まるでローカル幹線を走る鈍行列車のような雰囲気だ。

しかし乗客の一人は「かまへん、かまへん、急ぐ旅じゃあるまいし、その分、たくさん

「トワイライトエクスプレス」のサロンカー。著者撮影

乗っていられると思えばいい」と教えてくれた。

筆者は鉄道愛好家の一人として、こんな追い越し待ちも楽しく過ごせるのだが、こう話してくれたのは、還暦の祝いで奥様と北海道旅行を楽しむという人だった。空路の選択肢もあったが、「トワイライトエクスプレス」の存在を知って旅程に組み込んだのだそうだ。根っからの鉄道好きというわけではない。

「サロン・デュ・ノール」と命名されたサロンカーで、奥さんと楽しそうに先行する電車を眺めていた姿は今も忘れられない。

「寝ているうちに目的地に着く」というブルートレインの特性を越え、その長い乗車時間をどう過ごすか、という楽しみ方を普通の人でもするようになったことに驚いた。

乗客がさほど問題視しなかった24時間以上の遅れ

　また、ある乗客は大変なリピーターで、特定の個室にこだわっていた。「トワイライトエクスプレス」にはスイート、ロイヤル、シングルツインなど、この列車特有の個室があった。そのすべてを体験したいと予約を取り続けていた。きっぷが取れたところで仕事の休みを取り、大阪→札幌、あるいは札幌→大阪に乗るのだそうだ。食堂車のスタッフとも顔なじみになり、そこで食事をするのも楽しみだったと教えてくれた。

　そして大阪〜札幌間で「トワイライトエクスプレス」の最終運行となった2015（平成27）年、1〜2月の東北地方は豪雪に見舞われた。1月には954分（約16時間）、2月には928分（約15時間30分）遅れた列車もあり、ニュースなどで大きな話題となった。しかし、それだけでは済まず、2月13日に札幌を出発した大阪行きは25時間32分も遅れ、1泊2日の行程が2泊3日となってしまったのだ。

　食堂車が連結されているとはいえ、食材には限りがある。大きな遅延が発生すると、JRからおにぎりや飲料が提供されることもあるが、この時は最寄りの駅弁業者が駅弁を届けたりしたそうだ。

後日、知り合いになったスタッフから聞いたが、こんな遅れが出ていても、車内は和気あいあいとした雰囲気だったという。そして自分たちもお客様に励まされたという感謝の言葉まで出てきた。

「トワイライトエクスプレス」は、乗客に恵まれ、スタッフに恵まれ、なんとも素晴らしい列車だったといえる。

新幹線、飛行機、高速バス 薄れるブルートレインの存在意義

1975(昭和50)年、東海道・山陽新幹線が全通、7年後には東北・上越新幹線も運行を開始した。この頃から地方空港の整備も進み、遠距離の移動となれば新幹線や飛行機を使うのが当たり前となった。ブルートレインの存続をかけたPRとして、飛行機の最終便が飛び立ったのちに出発、初便が到着する前に現地に到着できるメリットを聞いた覚えもあるが、このようなうまいコースでの設定がいくつあっただろうか。

また、高速道路の充実で高速夜行バスも発達してきた。料金的にはこちらのほうがはるかに安く、人気が沸騰。ブルートレインにはもはや〝汽車旅〟というノスタルジックな魅

力しかないのだろうかと悲しくなった思いもある。

「点から点へと移動する飛行機。その劇的な変化も面白いが、しばしば心が追いつかない。地上を這うように進んでいくことで心を携えていけるのだ――」。かつて作家の開高健氏が著作のなかでそのような意味合いの旅の心得を展開していた。

筆者にとってはその移動手段が鉄道であり、長距離の移動ならブルートレインがその役割を果たしてくれたのだ。

ついに訪れたブルートレイン引退ラッシュ

そして1990年代に入ると、JRに引き継がれたブルートレインは次々と引退していった。

北海道連絡の「北斗星」「トワイライトエクスプレス」、そして新たに生まれた「カシオペア」あたりは別格として、国鉄時代に誕生したブルートレインはすでに本来の使命を終えていたのである。

このブルートレインの引退は21世紀に入ってからも止むことはなく、2009（平成

21）年には東京駅発着で唯一存続していた「はやぶさ」「富士」が引退。そして２０１２（平成24）年には大阪発着の「日本海」、２０１４（平成26）年には上野発着の「あけぼの」も引退となった。残るは北海道連絡列車だけとなったが、これも２０１６（平成28）年の北海道新幹線開業にともなう青函トンネルの取り扱い変更で終止符を打たれた。

こうしてブルートレインの全廃が現実のものになってくると、沿線や発着駅には別れを惜しむ人々が集まるようになった。かつての「ブルートレイン・ブーム」を思わせる動きでもあったが、当時は「スター」としてのブルートレインに目を向けるものだったのに、今度は「葬式鉄」としか言いようのないものだった。

さらに惜別の思いから行き過ぎた行動も報じられることがしばしばあり、これはなんともやるせない、暗い気持ちにさせられた。

たまたま、九州に出張仕事があり、その折に終焉が近づいた「さくら」を見ることにした。最晩年、東京〜鳥栖間は「はやぶさ」と連結運転となっていたが、「さくら」には誕生間もない頃から半世紀近い付き合いがあり、格別の思いがある。

とある駅で通過のシーンを見送ることとした。「さくら」は赤いＥＤ76形を先頭に定刻通りに走ってきたが、この列車を象徴するヘッドマークは掲げられてはいなかった。なんとその数日前にヘッドマークが盗難に遭い、以来、ヘッドマークなしの運行を余儀なくされたというのだ。なんとも情けない別れとなってしまったものである。その後、このヘッドマークがどうなったか知らないが、犯罪にさらされたブルートレイン「さくら」が哀れでならなかった。

ブルートレインの記憶
たどればそれは、ロマンだった

汽車の中で食事をし、汽車の中で夜を明かすこと。

極めて単純な行動だが、これが筆者にとってのブルートレインの楽しみだった。

食事は食堂車があればそれに越したことはないが、駅弁や自前の弁当を持ち込んでもいい。車窓を眺めながら、そして走行音をＢＧＭとして聞きながら味わう食事は、この上もない至極の時間だ。左党の筆者としては、さらにアルコールが少々あれば申し分ない。

そして車内で夜を明かすこと。一人旅の夜行列車はもっぱら座席だったが、家族旅行や成人してからの旅は寝台車を使った。座席で過ごすことを考えると、ブルートレインの寝台はまさに天国だった。ゆっくり足を伸ばせ、体が痛くなることもない。

深夜、ふと目が覚めることもある。しばらく時計も見ずに走行音だけで場所を想像するなんて遊びもやった。乗車頻度が比較的多かった東海道本線あたりでは結構、勘が働くものである。そして次の停車駅に着いたところでそっと寝台のカーテンを開けて外を見る。予想通りの駅に停まっていたら小躍りしたいほどうれしかった。

そして明け方の車窓を眺めるのも楽しみだ。

東の空から徐々に明るくなり、やがて赤く色づき始める。山並みもシルエットに浮かび上がる。そして大きなきらめきが現れる。日の出だ。こんな瞬間をじっくり過ごすのは、元旦にご来光を拝む時ぐらいのもので、やはりこれもブルートレインの魅力となった。

このブルートレインの魅力は、すなわち鉄道の旅のロマンなのだ。

鉄道利用者が鉄道に求めるものは多岐にわたる。しかし、速さや快適性といった移動の効率化がすべてではない。鉄道の旅を楽しむという要素を掲げる人もあるのだ。

ブルートレインのなき今、こうした体験は日本においてとても贅沢な旅の方法となってしまった。

ブルートレインへの思いと現代に残された遺産《レガシー》

ブルートレインが終焉を迎えつつあった２０１３（平成25）年、ＪＲ九州に「ななつ星in九州」が誕生した。

これはブルートレインを超えた列車として評判の高かった「トワイライトエクスプレス」を遥かにしのぐ、別次元のものだった。運用の方法も一般の列車とまったく違い、列車と地上のアクティビティを一体化したツアーとして提供される。まさに鉄道を使ったクルーズ船の発想で、「クルーズトレイン」とも呼ばれる。

これこそは「移動の効率化」とは対極にある「鉄道のロマン」を追求した列車なのだと思う。乗車にかかる金額もとびきりとなったが、それにふさわしい価値があると評価され、極めて高い人気となった。

その後、ＪＲ東日本の「ＴＲＡＩＮ《トラン》 ＳＵＩＴＥ《スイート》 四季島《しきしま》」、ＪＲ西日本の「ＴＷＩＬＩＧＨＴ《トワイライト》 ＥＸＰＲＥＳＳ《エクスプレス》 瑞風」などが追従する。たまたま、「ななつ星in九州」が先行したが、各社とも「鉄道のロマン」を忘れてはいなかったのだ。

そして時代が令和になった２０２０(令和2)年にはカジュアルな「ＷＥＳＴ《ウエスト》 ＥＸＰＲＥＳＳ《エクスプレス》

銀河」も誕生した。これにより、より多くの人々が「汽車の中で夜を明かす」というブルートレインの延長にある「鉄道のロマン」を楽しめるようになった。

例えば晩年のブルートレインで提供された食堂車の楽しみやロビーカーのゆとりは、これらのクルーズトレインに引き継がれているように思える。いわば運輸業からサービス業への発想の転換だ。ブルートレインで模索してきた積み重ねがあったから、車内で食事や景色を眺めて楽しむという発想が、多くのユーザーに歓迎されたのではなかろうか。

今、ブルートレインは歴史の中に走り去ってしまった。

しかし、改めてその存在を振り返ってみると多くのものを残してくれたと思う。

まず、鉄道趣味の人口を大きく増やした。ピーク期間こそ短かったかもしれないが、それまで鉄道にさほど興味がなかった人々を呼び込んだ。鉄道写真や鉄道模型などの分野を活性化させた。これはアマチュアだけでなく、鉄道写真家のようなプロフェッショナルの活躍の場も築くことになった。「ブルートレイン・ブーム」の時代に発行された作品を見ると、今では著名な鉄道写真家の名前が並び、彼らの飛躍のきっかけとなったことを感じさせる。

そして、本来の輸送機関としては、より効率的に、そして快適に遠距離を運んでくれた。夕方に出発、翌朝には現地に到着するという設定は、出張などビジネス利用への強力な支えとなった。急行の寝台列車も数多く運行されていたが、その快適性は「走るホテル」とも称賛されたブルートレインが勝っていた。

ブルートレインが誕生した時代、日本は高度経済成長期のさなかにあり、人々は大きく躍動していた。体の疲れを癒やしつつ目的地へと運んでくれる交通機関として、日本経済の猛烈な発展を支えてくれていた実績は忘れてはならない。

やがて新幹線ができ、空路や高速道路の選択肢が増えると、寝台スペースの拡大や個室などの導入で、快適性を求める試みは続いた。国鉄、そしてＪＲは最後まで世の中のニーズに合ったブルートレインの姿を模索していたと思う。

どんなに人気を博したものでも、時代の求める姿に変わっていくこと、新しい列車に使命を譲ることは、ブルートレインが示してくれた。ブルートレインが模索し続けてきた「快適な旅」へのチャレンジは、姿を変え、今日の鉄道に引き継がれている。

ブルートレインが残したものは、人々の心にいつまでも輝き続けるに違いない。

参考文献

『日本国有鉄道百年史』日本国有鉄道編、各巻（交通協力会、1969〜1974）
『国鉄車両一覧』日本交通公社編（日本交通公社、1987）
『国鉄・JR列車名大辞典』寺本光照（中央書院、2001）
『列車名変遷大辞典』三宅俊彦（ネコ・パブリッシング、2006）
『鉄道総合年表 1972−93』池田光雅（中央書院、1993）
『鉄道運輸年表〈最新版〉』大久保邦彦ほか編（月刊『旅』付録、JTB、1999）
『ブルートレイン全百科』（小学館、1979）
『最新ブルートレイン』（主婦と生活社、1980）
『鉄道模型考古学』松本吉之（ネコ・パブリッシング、1992）
『鉄道模型考古学N』松本吉之（ネコ・パブリッシング、1997）
『新・鉄道模型考古学N』山下貴久雄（ネコ・パブリッシング、2007）
『新・鉄道模型考古学N2』山下貴久雄（ネコ・パブリッシング、2009）

『交通新聞』各号（交通新聞社）
『国鉄監修　交通公社の時刻表』各号（日本交通公社）
『ＪＮＲ編集　時刻表』（弘済出版社）
『ＪＲ編集　時刻表』（弘済出版社）
『ＪＲ時刻表』各号（弘済出版社、交通新聞社）
『鉄道ピクトリアル』各号（電気車研究会）
『鉄道ファン』各号（交友社）
『鉄道ジャーナル』各号（鉄道ジャーナル社）
『鉄道模型趣味』各号（機芸出版社）
『とれいん』各号（エリエイ出版）

松本典久（まつもとのりひさ）
1955年、東京都生まれ。出版社勤務を経て、フリーランスの鉄道ジャーナリストに。『鉄道ファン』『旅と鉄道』などへの寄稿、鉄道関連の書籍、ムックの執筆や編著などを行なう。近著に『鉄道と時刻表の150年　紙の上のタイムトラベル』（東京書籍）など。

交通新聞社新書155
ブルートレインはなぜ愛されたのか？
昭和絶頂の寝台特急とその時代
（定価はカバーに表示してあります）

2021年8月25日　第1刷発行

著　者――松本典久
発行人――横山裕司
発行所――株式会社　交通新聞社
https://www.kotsu.co.jp/
〒101-0062　東京都千代田区神田駿河台2-3-11
NBF御茶ノ水ビル
電話　東京（03）6831-6550（編集部）
東京（03）6831-6622（販売部）

印刷・製本―大日本印刷株式会社

ISBN978-4-330-03421-8